그 많은 돈은
다 어디로 갔을까?

그 많은 돈은 다 어디로 갔을까?

1판 1쇄 | 2016년 1월 15일

지은이 | 라의형
펴낸이 | 박상란

펴낸곳 | 피톤치드
일러스트 | 송진욱   디자인 | 위즈엔컴
경영 · 마케팅 | 박병기

출판등록 | 제 387-2013-000029호
등록번호 | 130-92-85998
주소 | 경기도 부천시 원미구 수도로 66번길 9, C-301
전화 | 070-7362-3488
팩스 | 0303-3449-0319
이메일 | phytonbook@naver.com

ISBN | 979-11-86692-03-5(03320)

「이 도서의 국립중앙도서관 출판예정도서목록(CIP)은 서지정보유통지원시스템 홈페이지
(http://seoji.nl.go.kr)와 국가자료공동목록시스템(http://www.nl.go.kr/kolisnet)에서
이용하실 수 있습니다.(CIP제어번호: CIP2015033893)」

그 많은 돈은
다 어디로 갔을까?

라의형 지음

피톤치드

새로운 세상으로 안내하는 희망 메시지

포도재무설계 라의형 대표를 처음 만난 것은 IMF 외환위기 후유증이 한창 진행 중이던 2000년 중반이다. 노무현 정부가 재집권에 성공했다고 즐거워하던 시절이었다. 같은 시간 한쪽에서는 가구 공장을 운영하며 법 없이도 살던 중산층의 중년 부부가 자식 세 명과 함께 고층 아파트에서 투신한 비극적인 사건이 발생했다.

그 무렵에 산도적처럼 생긴 라의형 대표를 만났다. 일상적이고 무심한 마음으로 점심을 먹던 중에 한때 울산 현대자동차에서 노동운동가로 활동하던 그가 서민의 삶을 도와주기 위해서 나섰다는 사실을 알게 되었다. 그 동안의 활동과 고민을 이야기하는 순간, 나도 모르게 눈을 크게 뜨고 그의 얼굴을 다시 보았다. 나도 내 나름대로는 지역 주민들이 서로 돕고 살자는 '사회적 가족 운동'인 일촌 공동체를 설립 준비 중이었다. 하지만 신용불량의 막다른 골목에 몰린 가난한 서민을 돕고자, 더구나 정부가 지원해 주는 일도 아닌데, 자신의 삶을 바쳐가며 묵묵히 활동해 온 라 대표의 모습에 폭 빠져 들고 말았다. 이후 나는 라 대표의 열렬한 팬이 되었다.

600만 명이 넘는 서민들이 신용불량이라는 위험에 빠져 있고, 천만 명에 가까운 국민이 헤어 나오기 어려운 구조적 가난의 굴레에 갇혀 있는 것이 오늘날 우리가 처한 현실이다. 이들 모두가 금융회사가 쳐놓은 유혹과 미끼에 빠져 삶이 파탄날지도 모르는 심각한 위험에 노출되어 있다. 그 속사정을 세세히 알 수 없지만 정부와 금융 당국도 이 지경에 이르도록 방치한 책임이 있다. 당연히 문제를 파악하고 안전망을 구축하고 엄중한 단속과 원칙을 세워야 할 일이다.

누구도 우리 사회의 진실을 알려주지 않는 가운데 라의형 대표는 시대를 앞서 가는 외로운 의인이다. 정부와 공공기관에서 못하는 일을 혼자라도 하겠다고 나서서 우리 시대의 불의와 부조리와 탐욕과 맞서 싸우는 수호천사이자 검투사 같은 존재다. '포도재무설계'와 '희망 만드는 사람들' 등의 활동을 통해서 쌓은 경험, 함께 활동한 상담사들의 경험을 모아 한 권의 책을 만든다 하니, 참으로 반갑고 기쁘다. 더구나 그는 책을 쓰면서

2500년 전 공자가 이야기했던 '대동세상'을 꿈꾸었다고 한다. 참으로 장한 일이다.

그의 저서 《그 많은 돈은 다 어디로 갔을까?》는 이리저리 흔들리며 사는 서민들의 중심을 잡아 주는 길잡이 같은 책이다. 노력해도 돈을 모을 수 없고 일할수록 더욱 힘들어지는 환경을 통쾌하게 지적한다. 결핍을 채우려던 욕망이 재테크와 투자를 통해서 어떻게 망가지는지 알려준다. 탐욕과 치부로 세상을 더럽히는 못된 자들에게 보내는 무서운 경고장이며 새로운 세상으로 안내하는 희망의 메시지다. 이 책이 널리 알려져서 결핍에 시달리는 모든 이에게 읽혀지기를 진심으로 기대한다. 두 손 모아 라의형 대표에게 격려와 고마움의 인사를 보낸다.

이래경, 다른백년 이사장 겸 일촌 공동체 회장

저자는 노동운동을 금융운동으로 승화시켜 건강한 가정 경제 만들기에 앞장 서왔다. 오랜 세월 현장을 누비며 체득한 철학과 확신이 있기에 라의형, 그는 절대 흔들리지 않는다. 그 생생한 경험이 이 책에 녹아 있다. 읽고 있으면 저자의 거침없는 철학과 설득력 강한 주장에 빠져든다. 카지노 금융 시대를 어떻게 살아갈 것인지 결정하지 못하고 망설이는 이들에게 귀한 교훈을 줄 책이라고 확신한다.

이종수, 한국사회투자 이사장

기타와 노래로 진행되는 라의형의 강의는 구체적이고 재미있다. 청중의 웃음이 쉴 새 없이 쏟아진다. 그는 돈에 대한 막막한 고민을 시원하고 명쾌하게 풀어낸다. 금융과 개인의 삶이 어떻게 연결되는지 구체적으로 파악하고 있으며 가정 경제에 관해서도 탁월한 식견을 자랑한다. 또한 그는 부채 문제로 힘든 사람들을 위해서 자신이 가진 모든 것을 아낌없이 털어 넣은 의로운 사람이다.

저자는 재무설계란 개념이 미국에서 도입되기도 전부터 중산층을 위한 재무설계를 시작했다. 또 사회적 기업이 소개되기 전부터 사회적 기업가로 활동했다. 이 책에 담긴 저자의 날카로운 시선과 시원한 주장은 수많은 상담에서 비롯된 것이다. 돈 걱정에서 벗어나 희망을 찾고 싶다면 그의 이야기를 귀담아들을 필요가 있다.

김희철, 희망 만드는 사람들 대표

욕망의 재테크에서 벗어나야 할 때

　당신에게 묻고 싶다. 지금 행복한가. 많이 웃고 사는가. 저녁
이면 온가족이 식탁에 모이는가. 걱정 없이 편하게 자고 아침
을 맞는가. 직장생활은 재미있는가. 희망이 보이는가?
　불과 이십 년 전만 해도 온 가족이 밥상 앞에 앉아 오손도손
밥을 먹는 모습은 그리 낯설지 않았다. 아버지가 숟가락을 들
면 다른 가족들이 식사할 수 있는 그런 사회였다. 가난해도 밥
은 식구끼리 모여서 먹었으며 이웃과 인사를 나누고, 땅바닥에
선을 긋고 놀아도 하루 종일 깔깔거리며 뛰어 놀았다. 권선징
악의 스토리가 있고 고진감래의 감동이 있던 시절이었다. 가난
했지만 정이 넘치고 행복했던 그때 그 시절을 지배하는 가치는
무엇이었을까?
　지금 우리는 단군 이래 물질적으로 가장 풍요로운 시대를 맞

왔다. 그렇지만 심각하게 저조한 출산율, OECD 국가 중 가장 높은 자살률과 청년 실업, 상위 10%와 나머지 90%의 수입 양극화가 미국 다음으로 심각한 나라, 과도한 주거비용, 살인적인 교육열 등 초라한 성적표를 받아들었다. 이 부정적인 지표들은 우리가 얼마나 힘들게 살고 있는지를 말해 준다. 물질적으로 풍요롭지만 전혀 풍요롭지 않게 느껴지는 이런 상황……. 왜 이렇게 되었을까?

포도재무설계를 세운 배경에는 IMF 시기에 길거리로 내몰린 울산의 노동자들이 있었다. 그 무렵부터 지금까지 돈을 매개로 7만여 가정의 사람들을 만났다. 그들이 처해 있는 경제적 상황을 세세히 목격했으며 그들의 꿈이 무엇이고, 원하는 삶이 무엇인지 전해 들었다. 무엇을 힘들어 하고 미래의 무엇을 걱정하는지도 알게 되었다.

비록 작은 회사지만 올바른 상담으로 세상의 성숙에 기여하겠다는 방향성만은 놓치지 않았다. 우리는 회사의 가치를 '평화와 웃음이 있는, 지속가능한 가정 경제를 만드는 것'에 두고 일해 왔다. 상담사들에게는 저마다 가슴에 쌓인 이야기가 있다. 행복하게 살고 싶어 하는 많은 사람에게 꼭 들려주고 싶은 이야기 말이다. 이 책을 통해 그 이야기를 해보려 한다. 우리가 무엇을 추구해야 많은 사람들이 행복할 수 있는지에 대해서.

그러기 위해서 우리가 실제 생활에서 접하는 보험, 은행, 증권 등 생활 속 금융의 치부도 들여다 볼 것이다. 카지노화 된

개별 금융들이 소비자의 친구인지, 적인지 독자들이 직접 판단했으면 한다. 그리고 금융상품을 어떤 관점에서 활용해야 하는지도 참고하길 바란다.

필자는 우리의 삶을 이렇게 힘들게 하는 원인이 크게 두 가지, 사회구조적 문제와 개인의 이기심에 있다고 본다. 사회구조적으로 우리는 자본주의 경제 체제 속에서 살고 있다. 자본주의의 꽃은 금융이다. 금융이 병들면 사회 전체가 병든다. 그러므로 자본주의의 바탕에는 반드시 윤리와 도덕이 깔려 있어야 한다.

요즘 같은 세상에 윤리와 도덕이라니? 웃긴다고 생각하는 사람들도 있을 것이다. 하지만 반드시 윤리와 도덕이 전제되야 그 위에 세운 세상이 튼튼하다. 윤리와 도덕이 사라진 자본주의는 카지노 판과 다를 바 없다. 윤리와 도덕이 사라진 금융은 친구가 아니라 주인으로 군림한다. 탐욕으로 쌓아 올린 미국의 해적 금융 역시 세계의 경제 시스템을 한순간에 무너트릴 수 있으며, 그들은 우리 한국 사회의 생존 순환을 한순간에 끊어버릴 수도 있다. 이미 그러한 조짐을 여러 차례 확인하지 않았는가?

이런 척박한 환경 속에서 개인 역시 철저하게 고립되어 경쟁하고 부를 탐닉한다. 나만의 성공, 우리 가족만의 행복에 집착한다. 지독한 이기심은 우리 모두를 지치고 불행하게 하는 원인으로 작용한다. 그러므로 개인에게도 공동체를 생각하는 도덕과 윤리가 필요하며 이타심을 가지고 장기적인 관점에서 경제와 정치를 바라보는 마음이 필요하다. 집값이 올랐다고 기뻐하는 천박함을 버리고 부동산 가치의 상승이 사회 전반에 어떤 영향을 끼칠지 생각해 보는 성숙한 시민 의식도 필요하다. 교육비에 막대한 돈을 쓰는 어긋난 자식 사랑의 방법도 바뀔 때가 되지 않았나 싶다.

답답한 일들이 많지만 그래도 우리는 희망을 노래하고 살아가야 한다. 탐욕에 찌든 시스템에서 자신의 재정을 지키고 적은 돈을 꾸준히 불리는 '지속가능한 가정 경제'를 만들어 보자.

저자 라의형

CONTENTS

001 그 많은 돈은 다 어디로 갔을까?

002 돈을 모으는 확실한 방법

CONTENTS

악마의 속삭임

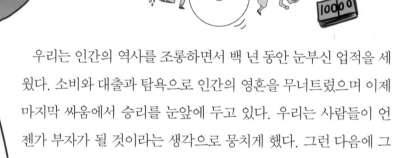

우리는 인간의 역사를 조롱하면서 백 년 동안 눈부신 업적을 세웠다. 소비와 대출과 탐욕으로 인간의 영혼을 무너트렸으며 이제 마지막 싸움에서 승리를 눈앞에 두고 있다. 우리는 사람들이 언젠가 부자가 될 것이라는 생각으로 뭉치게 했다. 그런 다음에 그들의 생활을 정신없이 돌아가도록 부추겼다.

부자가 될 꿈에 부푼 사람들은 돈 버는 일에만 집중했다. 그들은 소비와 지출로 노력을 보상받고 싶어 했다. 벌어들인 것 이상으로 흥청망청 쓴다. 그러면 그들의 마음과 삶은 우리 것이 된다. 행복은 오로지 돈을 통해 온다고 믿게 하고 허영심을 부추겼더니 인간들은 하루 12시간 이상 일을 한다. 일주일을 꼬박 일해도 시간이 부족해서 어쩔 줄 모른다.

집값도 폭등시켰다. 자녀 교육에 목숨을 걸게 했더니 항상 돈이 부족해서 허덕인다. 가족의 행복과 안락한 노후를 위해서 오로지 돈을 많이 벌어야 한다는 생각을 주입했다. 돈을 욕심 낸 사람들은 두 가지 이상의 직업을 가졌다. 가정을 지키던 여성들도 자아실현이 아닌, 돈 때문에 직업 전선에 뛰어든다. 아이들은 돌이 지나면 영어에 목숨 걸게 했다. 세 살이 되면 수학을 가르친다. 아이의 성적이 부모의 행복과 불행을 결정하게 했더니 온가족이 힘들고 피곤하다. 그들은 한 마디 따뜻한 대화도 없이 각자의 피곤한 삶을 이어간다.

입에서는 짜증과 신경질, 서로를 향한 불만과 투정이 끊이질 않았다. 작은 일에도 갈등이 먹구름처럼 몰려들고 매일매일 지옥 같은 삶을 산다. 피곤한 일과를 마치고 귀가한 가족들은 각자의 방에서 게임을 하고 쇼 프로그램을 보면서 위로받는다. 모든 가정과 직장과 거리가 소비와 탐욕에 지배당했다. 더 강한 자극으로 빚을 내서 소비하게 하고 한 푼이라도 더 벌기 위해 발버둥 치게 했다. 인간들을 일주일 내내 바쁘게 만드는 것이 우리의 핵심 전략이다.

헛된 것에 소모하는 시간이 많을수록 우리의 영향력은 더욱 커진다. 투기와 복권, 게임, 로또 한 방으로 부자가 되어 지긋지긋한 삶을 벗어날 수 있다는 허상을 심어준다. 그렇게만 하면 그들은 단 한 번도 의미 있는 삶을 살아보지 못한 채, 우리의 종이 되어 일할 것이다.

C.S 루이스의《스크루테이프의 편지》각색

001
그 많은 돈은 다 어디로 갔을까?

욕망에서 **나를** 지켜라

지금 우리 사회를 지배하는 핵심 단어는 성공, 돈, 부자, 소비다. 대부분의 사람들이 성공해서 돈을 많이 버는 것을 바라고 있다. 대학을 가는 이유도, 좋은 직장에 들어가서 돈을 많이 벌겠다는 목표 때문이다. 훌륭한 사람이 되겠다는 꿈이 보편적이던 과거와는 달리 요즘 초등학생들의 꿈은 기업을 경영하는 사장이 되는 것이다.

원래부터 우리가 이랬던 것은 아니다. 예전에는 실리만을 추구하는 사람을 두고 "그 사람은 너무 현실적이야"라고 말하곤 했다. 너무 현실적인 사람을 부정적으로 바라봤다. 그런데 지금은 아무도 이런 표현을 쓰지 않는다. 모두가 현실적이기 때문이다. 다수의 사람이 돈 많이 버는 것을 인생의 목표라고 아무렇지 않게 이야기한다.

이런 욕구는 나이를 먹어도 마찬가지다. 서울에서는 골프장 연간 회원권이 저렴한 것이 2억쯤 한다. 필자처럼 회원권 없는 사람은 2억짜리 회원권을 가진 사람을 부러워한다. 2억짜리 회원권을 가진 사람은 4억짜리 가진 사람이 부럽고, 4억은 6억짜리 회원권을 부러워한다. 노골적으로 말하지는 않지만 은근히 비교한다. 누구나 더 비싼 것을 가져야 행복하다고 생각한다. 그래서 누가 누구를 부러워하는지 한눈에 알 수 있다. 모임에서 서로가 가진 골프 회원권을 비교하지 않았을 때는 행복했는데 나보다 좋은 것을 가진 다른 사람을 의식 하는 순간 불행해진다.

여유가 있는 사람이나 그렇지 못한 사람이나 이렇게 서로 비교하고 더 많이 소비하려고 한다. 이런 현상을 부추기는 데에 광고도 한 몫 한다. 영화 상영 전 광고만 해도 그렇다. 영화관에 제 시간 맞추어 입장을 하면 최소 10분 이상 광고를 봐야 한다. 그 시간 동안 쉴 새 없이 광고가 이어진다. 보고 있으면 당장 무언가를 사야 할 것 같다. 광고는 이처럼 소비가 존재 이유이자 행복임을 지속적으로 세뇌시킨다. 살 것이 없는데도 영상을 보고 있으면 뭔가 소비를 해야겠다는 생각에 사로잡힌다.

요즘 광고는 기가 막히게 멋지다. 심리적이고 자극적이고 예술적이다. 우리는 이런 광고에 하루 종일 노출된다. 돈이 부족하면 대출받아서 쓰라는 광고도 가세한다. 소비를 자극하는 이런 광고들은 일상생활 속 곳곳에 파고 들어와 잠자리 들기 직전까지 공세를 퍼붓는다. 우리는 소비를 자극하고 돈을 빌려주는 시스템에 24시간

무방비로 노출된다. 반면 검소한 생활을 하라거나 저축을 하라는 광고나 정보에 노출되는 경우는 거의 없다.

멋진 아이돌 스타들이 술병을 흔들면서 춤을 춘다. 산소가 듬뿍 들어간 맑은 소주를 마시면 정신도 건강해지고 몸도 튼튼해지니 술을 많이 마시자고 광고한다. 기업은 이런 광고를 통해서 메시지를 전달한다.

"소비 속에서 존재 이유를 찾으세요."

심지어 포인트 선결제까지 부추긴다. 포인트 카드를 만들면 50만 원을 먼저 쓸 수 있으니 당장 만들라고 속삭인다. 만들지 않으면 바보가 되는 것 같다. 선 포인트로 50만 원을 결제하고 그 돈을 사용한 포인트로 메꾸려면 몇 천만 원을 써야 하는지 아는 사람은 별로 없으며 먼저 받아쓴 50만 원도 이자 나가는 돈임을 알지 못한다.

반면 적게 쓰고 많이 저축하라는 광고는 눈을 씻고 봐

도 찾을 수 없다. 돈을 모으려면 아끼고 저축하는 것이 기본이라는 사실은 모두가 알고 있다. 하지만 누구도 이런 사실을 말하지 않는다. 저축을 신념화할 수 있는 기회는 모조리 차단되어 있다고 봐도 무방하다. 왜냐하면 저축은 욕망이 아니라 절제를 통해서 이루어지기 때문이다.

성공, 돈, 부자, 소비의 이미지로 욕망만 부추기는 시대, 우리는 이 욕망에 맞서서 스스로를 지켜야 한다. 이게 참으로 쉽지 않다. 어떻게 욕망을 이겨낼 것인가?

우리는 왜 빚을 지게 되었나?

미국 포드 자동차 공장에서 일하는 가난한 노동자들이 포드 자동차를 살 수 있게 된 배경은 매우 흥미롭다. 그것은 전적으로 파격적인 임금 인상 덕분이었다. 한국도 1980년대 중반 민주화 투쟁 이후 노동자들의 임금 인상 투쟁이 본격적으로 전개되었다. 저임금에 시달리던 노동자들의 급여가 1990년대 초반까지 가파르게 올라갔다. 군인들이 정치를 지배하던 전두환 정권 시절, 대통령과 측근이 저지른 부정부패가 그대로 이어졌더라면 우리 사회는 부정부패와 군인의 천국인 필리핀이나 태국과 비슷했을 것이다.

다행히 우리는 쿠데타로 집권한 부패한 정권을 시민의 힘으로 몰아낸 민주화 운동으로 전환점을 마련했다. 그로 인해 사회 투명도가 높아지고 부가 분배되기 시작했다. 1990년대 말 김대중 정부는 시장이 모든 것을 주도하고 지배하는 미국식 시장 경제 체제를 전폭적으로 수용했다. IMF로 침체된 경기를 살리고 세금의 투명성을 확보한다는 명분 아래 카드 발급과 소비를 적극 장려했다. 카드 사용에 세제 혜택을 주면서 소비가 폭발적으로 늘어났다. 수입이 없는 대학생들까지 신용카드를 만들어 줄 정도였다. 신용카드를 만들면 그 자리에서 돈도 줬다.

2002년에 LG카드를 시작으로 발생한 신용 위기는 나라 전체를 뒤흔들어 놓았다. 카드 사용을 공돈 쓰듯 사용한 많은 사람이 대금을 연체하기 시작한 것이다. LG카드의 자금 흐름에 심각한 이상이 생기고 연체율이 계속 급증하면서 그 파장이 도미노처럼 카드업계 전체를 위기로 몰고 갔다.

결국 이놈의 신용카드가 온 나라를 위기에 빠트렸다. 카드 대란이 왔고 말 그대로 난리가 났다. 모두들 카드로 쓰고 먹고 했는데 갑자기 그게 안 된다고 하니, 카드로 생활하던 많은 국민의 현금 흐름에 비상이 걸렸다. 이 사태는 우리나라 금융의 본질이 탐욕과 욕망을 부채질하는 카지노 판과 같음을 그대로 보여 주는 사례다. 카지노 업자들은 꼬리 자르기로 위기를 국가에 떠넘겼고 국가는 국민의 세금으로 문제를 해결했다.

간신히 카드 위기를 넘겼더니 이번에는 부동산 광풍이 몰아쳤다. 한 예로 2004년 5억쯤 하던 잠실의 아파트 가격이 2008년에는 15억까지 치솟았다. 재미있는 것은 그때 5억짜리 아파트를 사려고 마음먹으면 4억 8천만 원까지 대출을 받을 수 있었다. 맨주먹으로 시작해서 이사 몇 십 번 끝에 타워팰리스 입주에 성공했다는 부동산 투기꾼의 이야기가 전설처럼 돌아 다녔다. 너도나도 이 대열에 합류했다. 이성을 잃은 광풍은 온 나라를 휩쓸었다.

그 후유증은 많은 문제를 야기했다. 먼저 아파트 가격을 올려놓은 결과 서민들의 내 집 장만이 힘들어졌다. 은행은 쾌재를 불렀다. 부동산 가격의 상승으로 엄청난 이자 수익을 늘렸으니 말이다. 여기서 주의 깊게 볼 점은 탐욕에 기반을 둔 잘못된 흐름 때문에 공동체의 기반이 흔들리고 있다는 것이다. 그 여파는 지금까지도 지속되고 있다.

부동산 가격과 소비가 실질 소득 증가보다 훨씬 빠르게 늘고 있으니 이제 어떻게 할 것인가? 실질 소득이 적어진 사람들은 결국 빚을 내서 집을 장만하게 된다. 임금 인상으로 월 20만 원의 소득이 늘어도 저축 20만 원은 늘어나지 않는다. 대신에 소비가 30만 원 늘어나고 다른 부채까지 늘어 빚이 몇 배로 커진다.

"임금 인상이 이루어지면 곧바로 빚이 몇 배로 불어납니다. 기업주와 각 노동조합이 이에 대해 적극적인 관심을 가져야 합니다."

2000년대 초반, 여러 기업과 노동조합에 재무교육의 필요성을 강조하며 보낸 공문에 필자는 이런 문장을 썼다.

그런데 개개인의 노력만으로 해결될 수 있는 문제가 아니다. 탐욕스러운 금융회사들이 경쟁적으로 돈을 빌려 주며 많은 사람을 빚의 노예로 만들고 있기 때문이다. IMF 이후 우리 사회의 성장 기반은 빚이었고, 금융권의 끝없는 탐욕으로 점점 더 많은 사람이 빚을 지게 되었다. 그때 발생한 거품이 꺼지면서 기반이 약한 서민들부터 고통받기 시작했다. 우리 사회의 거품 성장의 배경에는 빚이라는 어둠이 도사리고 있다. 소비와 부채와 거품은 서로 연결되어 있다. 이런 까닭에 소비와 비교는 위험하다. 일시적인 행복을 줄지 모르지만 멀리 보면 엄청난 불행을 안겨준다.

끊지 못하는 과소비

이 시대의 청년들은 치솟은 집값 때문에 결혼하기 힘들다. 게다가 직장마저 변변하지 못하니 가정을 이룰 엄두도 내지 못한다. 결혼을 포기하니 돈을 모으지 않아도 된다고 생각한다. 되는 대로 오늘만 생각하고 소비하고 즐기면서 산다. 소비에 중독되면 월급은 먹고 쓰고 놀기에도 부족하다.

여자친구 혹은 남자친구 선물 사주는 데 큰돈을 쓰는 젊은 친구들이 많다. 분수에 넘치는 물건을 사고 카드 돌리느라 고생을 한다. 데이트를 하고 여행을 가고 몇 달 통 크게 즐기면 카드 돌려 막기에 들어가야 한다. 소비를 통한 충족은 허탈하다. 꼭 술 깬 후의 숙취와 두통 같다. 깨고 나면 후회되는 것까지 비슷하다.

한 20대 직장 여성은 월급에, 고리로 대출받은 돈까지 전부 여성

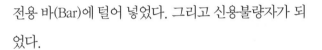

전용 바(Bar)에 털어 넣었다. 그리고 신용불량자가 되었다.

"죽고 싶습니다. 그런데 돈 생기면 또 가게 됩니다."

한번 맛본 유혹은 그녀를 완전히 망가트려 놓았다. 아주 특이한 경우 같지만 의외로 이런 일이 많다. 채권 추심에 시달리면서도 유럽 여행을 다녀오는 사람도 있다. 마음속 회계 기준이 잘못되었기 때문이다.

가령 똑같은 상황에서 똑같은 금액의 돈을 사용해도 사람마다 우선순위는 제각각이다. 그 우선순위를 정해 주는 것이 바로 마음속 회계 기준이다. 우선순위를 정할 때는 즐기려는 마음과 갚아야 하는 의무 사이에서 제대로 된 판단을 내릴 줄 알아야 한다. 무작정 즐기려는 마음에 빠지면 소비중독이 된다. 가까운 미래의 고통도 망각할 만큼 중독의 위력은 대단하다.

우리를 둘러싼 환경이 전부 소비에 노출되어 있다. 끝없는 소비는 결국 자원 고갈로 이어진다. 조금만 생각해 보면 자원에도 한계가 있고 지금의 과소비는 지구가 지탱해 줄 수 없을 규모임을 알 수 있다. 그리고 자원의 고갈은 결국 우리 아이들의 미래를 어둡게 만든다는 것 역시 자명한 일이다. 소비하고픈 욕망은 후손들에게 심각한 악영향을 미치고 빠른 속도로 자원을 고갈시킨다.

카지노 경제의 금융은 우리의 욕망에 가속도를 붙인다. 더 많이 소비하도록 지속적으로 돈을 공급한다. 그 결과 카지노 신용 사회에서는 욕망은 무한대로 키우고 빚은 무한대로 지는 시스템이 가능하다. 사람들의 경제적 삶은 크게 두 가지로 나뉜다.

| 돈 벌 능력이 되는 사람 | 소득상위 10% | 더 많이 벌고 더 많이 소비하기 위해서 피곤한 삶을 살아간다 |
| 돈 벌 능력이 안 되는 사람 | 나머지 90% | 한번 빠진 빚을 굴레로 평생을 허덕이며 살아간다. |

　4인 가족이 한 달 생활비로 2천만 원을 쓰고도 돈이 모자라서 더 벌어야 한다는 사람도 있다. 특히 젊은 사람들은 돈에 대한 올바른 관점도 없이 카드 사용부터 배운다. 빚의 굴레에 빠져 힘들어 하는 이들이 부지기수다. 소비를 통한 존재 확인은 우리를 허망하게 한다. 소비하기 전보다 더 고통스러워진다. 소비를 유지하려는 마음이 항상 스트레스와 압박을 주기 때문이다.

　경제학자 다니엘 커너먼은 2002년 프로스펙 이론을 발표해서 노벨 경제학상을 수상해 이름을 떨쳤다. 포도재무설계의 연구원들이 다니엘 커너먼과 에이모스트버스키의 이론, 행동경제학 이론을 바탕으로 이 도표를 만들었다.

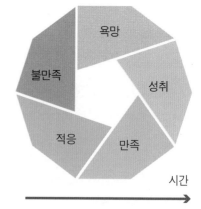

표를 통해서, 욕망 → 성취 → 만족 → 적응 → 불만족 → 욕망의 쳇바퀴가 끊임없이 굴러가는 것을 알 수 있다. 악순환이 계속 된다. 이런 굴레를 통해 행복감을 유지하는 것은 쉽지 않다. 즉, 돈이 많다고 행복도 비례해서 상승하는 것은 아니다. 그렇다면 지금이라도 돈 이외의 가치도 찾아보아야 하지 않을까?

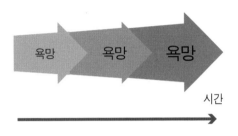

욕망은 위의 도표처럼 채우면 채울수록 계속해서 커진다. 점점 더 커지는 욕망은 주변을 불태우고 후에는 자신도 불태운다. 더욱 피곤한 삶으로 몰아넣는 것이다. 소비욕구가 커지는 만큼 불행해진다는 것은 많은 이들이 공통적으로 하는 지적이다.

일본은 우리보다 훨씬 앞서서 미국의 요구에 따라 금융시장을 개방했다. 종신 고용의 가치를 폐기하고 능력주의에 따른 경쟁 체제를 도입하기에 이른다. 그 결과 일본 청년들도 변변한 일자리가 없고 도심의 부동산 가격은 하늘 높은지 모르고 치솟았다. 일본 청년과 한국 청년 사이에는 공통점이 하나 있다. 일본 청년들도 한국 청년들처럼 돈을 모으지 않는다. 그래 봐야 소용없다는 것이다.

그러나 다른 점도 있다. 일본 청년들은 빚을 내서 돈을 쓰지는 않는다. 하지만 한국 청년들은 신용카드로 빚을 내면서까지 소비를 한다. 일본 사람은 신용카드를 쓰지 않고 직불카드 쓴다. 그래서 개인의 부채 문제가 우리처럼 심각하지 않다.

소비중독은 나만 바라보는 이기적인 삶을 살 때 빠질 수 있는 함정이란 지적도 있다. 대단히 설득력 있는 지적이다. 나만 생각하는 것이 아니라 우리 가족, 우리 가족을 넘어 사회, 사회를 넘어서 민족, 민족을 넘어서 세계까지. 이렇게 확장된 시각으로 소비를 바라보면 생각 없이 이루어지는 과소비가 얼마나 이기적인 행위인지 알 수 있다. 과소비는 미래의 후손과 나누어야 할 것을 전부 고갈시킨다.

대한민국 가정의 슬픈 초상

이제 막 결혼한 신혼부부가 있다. 결혼할 때 두 사람 돈을 탈탈 털어보니 5천만 원쯤 된다. 전세자금 대출로 9천만 원을 추가로 마련했다. 방 두 칸짜리 전세를 얻었다. 이제 전세자금 대출금을 갚아야 한다. 그런데 즐기며 사는 것도 포기하기 싫다. 그래서 주말이면 펜션을 잡아 놀러가고 쇼핑도 하고 휴가도 해외로 떠났다.

왜? 남들도 모두 그렇게 살기 때문이다. 돈 관리는 쿨하게 각자 따로따로 한다. 몇 년 후가 되니 이렇게 사는 것이 불안하다. 아이라도 태어나면 어쩌나 슬슬 걱정이 되기 시작한다. 그래서 돈 모을 계획을 세우려고 하는데 쉽지 않다. 돈 얘기만 나오면 싸움이 난다. 부부 사이, 돈 문제처럼 골치 아픈 것도 없다. 아내는 말한다.

"나는 이렇게 줄이려고 하는데 당신은 왜 그렇게 생각 없이 써?

왜 아끼지 못 하냐고."

남편은 가진 것도 없는데 철까지 없다. 둘이서도 살기 힘든데 시댁에 용돈까지 드리자고 한다. 남들은 시부모가 전세도 얻어 준다는데 시부모는 뭐 하나 도와준 것이 없다. 왜 용돈을 드려야 되나? 화가 치민다. 그러다가 아이가 태어난다. 요즘 출산 비용도 만만찮다. 적게 잡아도 천만 원은 든다. 아이가 걸음마를 시작할 때쯤 교육에 관심이 간다. 소중한 내 아이에게 뭐든 다 해주고 싶다. 유치원에서 영어 배우려면 돈을 더 내야 하는데 이거 안 하면 이상한 엄마가 된다. 태권도도 기본이다. 사내아이라고 해도 감성 교육이 중요하다. 악기 하나쯤 다룰 줄 알면 좋겠다. 총 백만 원이 들어간다.

다행히도 아이가 공부를 제법 잘한다. 학원 선생님도 만날 때마다 아이가 공부를 잘한다고 칭찬한다. 엄마는 더 큰 책임감에 불타오른다. 더 많이 가르치고 싶다. 남편 혼자 버는 돈으로는 생활이 안 된다. 아이의 교육 문제로 슬슬 다툼이 일어난다.

"당신이 벌어 오는 돈으로는 애 못 가르쳐. 남들 좀 봐. 한 과목에 백만 원짜리 과외도 시켜. 뭘 많이 벌어다 줬다고 큰소리야."

"진짜 그 놈의 돈 타령 지긋지긋하다. 그렇게 잘났으면 당신이 나가서 벌어 봐."

남편 말에 오기가 생긴 아내가 돈을 벌러 나간다. 오로지 아이의 미래를 위해서 부모는 인생을 건다. 엄마도 일하고 아빠도 일하고 학원이 아이를 키워준다. 남편은 회사일과 술로 바쁘다. 엄마는 오래전에 남편을 포기했다. 아이에게 모든 행복을 걸었다. 아이의 공부에서 가정의 행복과 불행이 결정 난다. 아이가 받는 중압감은 점점 더 커진다. 그런데도 남편은 일한다는 핑계로 가정에 소홀하다. 부부관계가 소홀해지면서 엄마는 외롭고 점점 더 아이의 교육에 집착하게 된다.

아이 둘을 명문대에 보낸, 옆집 아주머니가 사정을 듣더니 따끔하게 충고한다.

"이 아이 서울대 보내려면 과외 좀 더 시키세요. 한 달에 2백짜리 과외받으면 중상위권 대학 가고, 4백 투자하면 서울대 가는 거라고요."

그래서 부부는 월 4백만 원짜리 과외를 시키기로 결정한다. 엄마와 아빠는 허리가 휘청거려도 아이를 가르치려면 어쩔 수 없다. 엄마가 아프기 시작한다.

"밥 차려 먹고 가. 엄마 너무 힘들어."

아들이 짜증 섞인 투로 말한다.

"엄마, 나 고 3인 거 몰라? 아프면 어떡해?"

엄마는 뭔가 잘못됐음을 직감한다. 할 말을 잃고 아이를 뻔히 바라본다. 그런데 모든 것을 되돌려 놓기에는 너무 늦은 것 같다.

슬프게도 이것이 대한민국 가정의 흔하디흔한 모습이다.

많은 이들이 공통적으로 바라는 희망 사항을 나열해 본다.

"연봉이 조금만 더 오르면 얼마나 좋을까 생각하죠. 안 오르니까 문제지만. 지금보다는 훨씬 여유 있을 거 같아요. 대출도 빨리 갚고 저축도 좀 하고요."

"돈 나올 구석이 뻔하잖아요. 쓸 데는 진짜 많은데. 그래서 가끔 로또도 하고 어디서 돈 좀 안 생기나 기다리죠. 근데 그렇게 되나요? 만날 그 돈이 그 돈이죠, 뭐."

"전세금 올려주어야 하는 데 큰일입니다. 월급 말고 다른 방법이 없을까요?"

"이 돈을 어떻게 굴려야 수익이 조금이라도 더 나올까요?"

"세금 무서워서 장사 못하겠습니다. 세금 안 내는 방법 없나요?"

"아이들 교육비 때문에 더 벌어야 하는데 직장에 더 남아 있을 분위기가 아니라 걱정입니다."

돈 많이 버는 방법, 그 기술을 우리는 재테크라고 한다. 그런데 재테크의 결말은 근심과 고통이요, 건강한 노동 의욕을 잃게 하는 약삭빠름이다. 재테크는 5%의 약삭빠른 사람들이 95% 사람들의 실패를 전제로 돈을 버는 불공정한 게임이다. 이런 흐름은 우리 사회의 신뢰를 무너트린다.

재테크가 사회적으로 만들어 내는 결과물을 보면 본질적으로 카지노 게임과 거의 유사하다. 현대 사회의 돈 버는 방식도 카지노 게임 방식과 거의 일치한다. 공동체를 무너트리고 분열을 조장하며 많은 이들의 재정을 파탄 낸다. 극소수의 누군가는 벌고 대다수의 누군가는 잃는다. 돈을 번 이들도 이 게임을 계속하면 언젠가는 잃게 된다.

카지노 판에서 잃지는 않고 벌기만 하는 사람들이 따로 있다. 이들은 판을 깔아 놓고 수수료를 챙기는 운영자들이다. 결국 항상 돈을 버는 사람은 판을 운영하는 사람들뿐 다른 이들은 거의 돈을 벌 수 없는 구조다. 재테크 판에서 이 판을 운영하는 사람들은 바로 은행, 증권사, 자산운영사, 보험사 등 금융회사들이다. 카지노 판에서 돈을 벌 수 없듯이 이 판에서도 돈을 벌 가능성은 적다.

운영자들 중에 가장 높은 자리에 있는 사람들은 판을 더 키우기 위해 참여자들에게 돈을 빌려준다. 판을 운영하는 사람들도 판이 커져야 폼이 난다는 이상한 주술에 걸려서 사람들을 불러 모으고 판돈을 계속 빌려준다. 이들은 투자라는 명목 하에 카지노 상품을 내놓는다. 주식투자, 채권투자, 펀드투자, 선물투자, 옵션투자, 보험상품, 대출, 신용카드, 제휴카드, 부동산 투자, NPL채권투자 등등. 이중 판돈이 제일 큰 상품은 대출이다. 담보대출, 신용대출을 통해 판돈이 어마어마하게 커진다.

원래는 판이 이렇게 크지 않았다. 그런데 카지노 운영자들은 신용제도를 만들어서 판돈 공급을 계속 늘려왔다. 월급 150만 원 받는 사람도 5천만 원의 판돈을 빌릴 수 있다.

"연봉이 조금만 더 오르면 얼마나 좋을까 생각하죠. 안 오르니까 문제지만. 지금보다는 훨씬 여유 있을 거 같아요. 대출도 빨리 갚고 저축도 좀 하고요." → 대출상환 하기 위해 더 벌어야 한다.

"전세금 올려주어야 하는데 큰일입니다. 월급 말고 다른 방법이 없을까요?" → 전세금 올려주어야 할 돈이 당장 필요하다. 더 벌어야 한다.

"아이들 교육비 때문에 더 벌어야 하는데 직장에 더 남아 있을 분위기가 아니라 걱정입니다. → 열심히 일해도 교육비 감당이 안 된다. 더 벌어야 한다.

대다수 사람들에게 지금보다 돈을 더 벌어야 할 이유들이 있다. 카지노 사업자들은 그 절박한 이유를 이용한다. 매우 친절하게 다가와서 새로운 추가 수입원으로 투자 상품을 던져준다. 사람들은 한 푼이라도 더 벌기 위해 투자에 참여하지만 결국은 다 잃고 카지노 운영자들만 돈을 번다. 이것이 대한민국의 현주소, 우리들의 슬픈 자화상이다.

한 방 권하는 사회

중소기업에 다니는 20대 중반 L 씨는 월급 200만 원에서 60%를 떼서 빚을 갚는다. 이 모든 게 스포츠 토토에 발을 담그면서 시작되었다. 친구의 유혹에 솔깃했던 것이 큰 화근이었다. 친구 말대로 은행에 돈 넣어 두는 것보다 토토 하는 게 훨씬 이득일 것 같았다. 대출까지 받아서 현재 진 빚만 2,800만 원이다.

도박에 손을 대는 연령이 자꾸 낮아져서 대학생도 안전하지 않다. 대학생 J 씨는 아르바이트로 하루 8시간씩 일해도 용돈을 쓰고 나면 돈이 모이지 않았다. 은행에 넣어둬도 마찬가지였다. 인터넷에서 도박으로 큰돈을 벌었다는 사람의 이야기를 접하자 호기심이 생겼다. 처음에는 재미 삼아 푼돈을 배팅했다. 그러다가 마약 같은 인터넷 도박에 빠졌다. 저축해 둔 돈을 모두 탕진하고 제2금융권

학생 대출로 1,000만 원, 대부업에서 500만 원을 빌렸다. 그리고 전부 배팅하고 다 잃었다. 그의 수중에는 한 푼도 남아 있지 않고 빚뿐이다. 수입도 없는 처지라 눈앞이 캄캄하다.

수입이 적고 미래에 희망이 없는 사람일수록 도박이라는 유혹에 약하다. 한번 발들이면 빠져 나오기 힘들다. 과거에도, 지금도 심각한 사회 문제를 끊이지 않고 만들어 내는 도박은 마약 못지않은 심각한 후유증을 남긴다. 중독자가 많으면 공동체까지 위협할 수 있다. 경기가 좋지 않은 최근에는 도박으로 패가망신하는 사람들이 점점 더 증가하고 있다.

평일 경마장은 경마에 빠진 사람들로 오전부터 발 디딜 틈 없이 분주하다. 15~25분 간격으로 경주가 진행되면 경마장 곳곳에서 탄식과 욕설이 쏟아진다. 이곳을 찾은 대부분의 사람들은 일확천금을 꿈꾸는 희망 없는 사람들이다.

"다 어려운 사람들이에요. 부자들은 이런 데 잘 안 와요. 심지어 정부 보조금을 받는 기초수급자들도 온다니까요. 기초수급 받아서 경마로 다 날리는 거예요."

경마 자료집을 파는 사람의 이야기다.

한국마사회에 따르면 2014년 서울 지역 경마 이용객 중 월 소득 200만 원 미만 비율은 2012년 2.4%, 2013년 18.7%, 2014년 24%로 급증하고 있다. 100만 원 미만 역시 2012년 0.7%, 2013년 7%, 2014년 12%로 점점 늘고 있다. 이들의 직업을 살펴보면 소규모 자영업자, 택시, 퀵서비스 기사 등 경제적으로 힘든 사람들이다.

또한 사행산업통합감독위원회에 따르면 지난 2009년 도박 중독 상담자는 883명에 불과했지만, 이듬해 1,774명으로 두 배로 늘더니, 2014년 1만 233명으로 6배 이상 껑충 뛰었다. 더욱이 2030 청년들이 전체 도박 중독 상담자의 60%를 웃돌았다. 도박중독치유센터를 거쳐 간 '2030세대'는 2009년 전체 상담자의 29.2%에서 2010년 30.2%, 2011년 35.4%로 해마다 늘더니 지난해 64%를 차지했다.

권장하여 좋을 사업이 있고 하지 않을수록 좋은 사업이 있다. 공익을 유지하고 관리해야 할 기관들이 오직 돈이 된다는 이유로 도박 산업을 유치에 나섰다. 어렵게 사는 서민들에게 도박을 권장하는 파렴치한 짓을 하느라 곳곳에서 썩은 냄새가 진동한다.

정치와 행정 역시 카지노 게임을 닮아 간다. 사행사업의 악영향은 나 몰라라 하고 수입을 올리기 위해 판을 키우는 것은 도덕불감증의 대표적인 사례다. 그 피해자들 대부분이 살기 힘든 서민들이고 무너진 사람들을 구제하는 데 드는 비용은 국민의 혈세로 충당한다. 창피한 일이 아닌가?

두 얼굴의 **보험사**

"최○○ 설계사 연봉 5억 달성을 축하합니다."

많은 이들이 오고 가는 시내 한복판 8층 건물 전면에 보험사에서 내건 현수막이 걸려 있다. 보험설계사가 돈 많이 번 것을 플랜카드에 적어 공개적으로 자랑하고 알린다. 그들이 얻고자 하는 것은 무엇일까? 열심히 일해서 연봉 5억이 아니라 그 이상도 벌 수 있다. 하지만 상대적인 박탈감을 느끼는 사람들이 많으면 오히려 역효과가 날 수 있다.

보험 상품에 가입한 이들이 이 광고를 보고 느낀 감정은 대체로 부정적이다. 우리에게는 암묵적으로 합의한 적정선이 있다. 연봉 5억 원 달성이라는 극소수 성공 사례를 널리 알려서 그들의 시스템을 위해 일할 사람을 모으기 위함인데 과연 바람직한 일인가? 별다른 생각 없이 벌어진 일일 수도 있으나 염치없는 행동이다. 보험 상품을 사는 소비자를 생각한다면 결코 이런 행동을 할 수 없다.

　저금리 시대를 맞아 인기를 끌고 있는 보험 상품인 변액보험을 예로 들어보자. 변액보험은 공시이율이 적용되는 보험 상품과 다르게 납입한 보험료 일부를 펀드로 운용하는 실적배당형 상품이다. 수익성과 안정성이라는 두 마리 토끼를 잡을 수 있다며 대대적으로 출시되었다. 23개 보험사가 운용하는 변액보험 펀드는 모두 948개. 각각 펀드의 개별 순자산액에 공시된 3년 수익률을 곱해 자산액 가중 수익률을 계산했다.

　변액보험 펀드는 주식형 · 주식혼합형 · 채권혼합형 · 채권형이 있다. 이들 4개 유형 펀드의 3년 자산액 가중 수익률을 구할 수 있는 보험사는 15개다. 생명보험사에서 판매하는 1년 이상 된 변액보험 상품 10개 중 4개는 원금을 훼손한 마이너스 수익률을 보였다.

　이런 사실이 알려지면서 이전까지 각광받던 변액보험이 가입자들의 원성을 사고 있다. 주식처럼 길게 보면 수익을 얻을 것이라고 기대했는데 수익은 커녕 손해 보는 일이 더 많기 때문이다. 보험소비자연맹에서도 생명보험업계의 주력 상품인 변액보험이 수익률을 과대포장하고 있다고 발표했다.

　문제는 대부분의 설계사가 변액보험에 대해 구체적으로 설명하지 않는다는 것이다. 투자 구조가 복잡하기 때문에 가입자들이 이해하기 어려운 부분을 알려 줘야 하는데 설계사가 이를 외면했다. 오히려 변액보험에 대한 보험료가 모두 펀드에 투자되기 때문에 수익률이 높다고 거짓말을 했다. 변액보험은 보험료에서 사업비와 사망보증 비용 등을 공제하고 펀드에 투자한다. 또 해약환급금의 범위에서 보험료를 중도 인출할 수 있지만 2년 동안은 해약 환급금 액수가 상당히 적다.

사실 변액보험은 소비자의 돈으로 투자하고 손해도 소비자에게 떠넘기는 카지노 경제를 대변하는 금융상품이다. 한마디로 투자에 대한 수익은 쥐꼬리만큼 배분하고 투자 손실은 전부 소비자에게 떠넘기는 것이다. 그런데도 이런 비양심적인 상품이 엄청나게 팔리고 있다. 상품을 사는 사람들의 일방적인 손해를 전제로, 파는 사람은 돈을 많이 벌 수 있는 탐욕의 구조 때문이다. 노후와 위험에 과도하게 노출된 소비자는 많은 판매 수수료를 받을 수 있는 판매자의 일방적인 정보만 듣는다. 결국 마음이 가난한 소비자의 심리를 이용해서 어떻게든 돈을 많이 벌려고만 한다. 그 탐욕이 폭발적인 판매를 가능하게 한 토대다.

그럼 이 상품은 활용 가치가 전혀 없는가? 꼭 그렇지만은 않다. 이런 상품들은 대개 강제저축이라는 심리 계정을 활용하기도 한다. 돈을 그냥 두면 소비로 다 나가고 사라지니 해약하면 손해가 큰 상품에 가입해서 불입하도록 하는 것이다. 강제력을 활용해서라도 저축의 효과를 보자는 것이다. 합리적이지 못한 소비자의 마음을 이용하는 것인데 여기에는 금융 카지노 업자들의 단수 높은 퍽치기 영업 전술이 깔려 있다. 하루라도 빨리 노후를 준비하라는 공포 마케팅도 옆에서 거든다.

만약에 현금 흐름이 좋거나 여유가 있어서 변액보험에 가입하고
자 한다면 추가납입제도를 활용하기 바란다. 추가납입제도도 없이
오직 자신들의 이익만 밝히는 얼굴 두꺼운 보험사업자도 있다. 하
지만 몇몇 보험사업자는 그래도 조금은 양심적이어서 수수료를 낮
게 청구한다.

은행의 고객 사랑, 정말일까?

"막내 여동생이 얻어준 방 두 칸짜리 집에서 살고 있어요. 남편은 일용직으로 일하고 아들은 초등학교 2학년이에요. 재작년 이맘때는 정말 너무 힘들었어요. 솔직하게 말해서 죽고 싶었습니다."

어린 자식 생각하면 그럴 수는 없는 노릇이었다. 그렇게 일 년이 지나고 그녀는 기도하기 시작했다고 말했다. 자포자기하는 것보다는 기도하는 것이 나았다. 마음을 다잡고 하나씩 수습해 나가는 중인데 어디서부터 손대야 할지 모르겠으니 방법을 알려달라는 것이 필자에게 전화를 건 목적이었다.

"무조건 급한 것 위주로 이자를 내고 있어요. 근데 이렇게 하는 것이 맞는지 모르겠어요. 상담을 받으려 여러 군데 알아 봤는데 도움받을 곳이 없었습니다."

여성은 남편의 사업 실패로 감당할 수 없는 어려움에 처했다고 했다. 돈을 빌려준 금융 기관을 찾아가 도움을 청한 적도 여러 번이었다. 그런데 그들이 알려준 방법은 더 비싼 금리 상품으로 갈아타고 그 돈을 나누어서 빚을 갚으라는 것이었다.

금융기관들이 돈을 빌려줄 때는 그렇게 친절할 수 없다. 빌려준 돈이 한두 달 밀리기 시작하면 고객을 대하는 태도가 확연하게 달라진다.

"다른 것보다 그 사람들에게 사람 취급 못 받는 것이 정말 싫었습니다. 죽을힘을 다해서 일부 상환하는데 더 높은 이자의 상품으로 바꾸라며 선심 쓰는 척하더군요. 조금 더 상환하니 적립식 펀드에 가입하라고 하네요. 정말 기가 막혀요."

자동차 회사에서는 차를 사고 문제가 생기면 A/S를 해준다. 그런데 대출을 받고 문제가 생긴 고객에게 금융회사는 무엇을 해주는가?

은행은 돈 빌려줄 때만 고객이고 상환이 어려워지면 아무런 도움도 조언도 해주지 않는다. 전화를 건 여성은 은행을 보고 흡혈귀가 따로 없으며 피도 눈물도 없다고 했다.

금융이란 뭘까? 금융은 '금전을 융통하는 일' 혹은 '이자를 붙여서 대차하는 일'이란 뜻이다. 결국 금융은

돈놀이다. 아무리 고상하고 멋진 수식어를 갖다 붙여도 본질은 돈놀이에 불과하다. 돈놀이의 목표는 이자를 붙여서 수익을 내는 것이다. 돈을 빌려가는 사람이 많거나 빌려준 돈이 많아야 수익이 극대화된다.

사람들이 저축한 돈 범위 내에서 소비를 하면 금융은 수익을 낼 수 없다. 그래서 금융 사업자는 사람들이 빚을 내서 수익 이상의 돈을 쓰도록 유도한다. 빚내기 쉬운 시스템을 만들어놓고 24시간 돈을 더 쓰라고 유혹한다. 신용대출과 담보대출, 마이너스 대출을 사용하는 사람들은 꼼짝없이 카지노 게임에 빠지는 셈이다. 그 빚을 완전히 갚기 전까지 부동산과 채무자의 주인은 카지노 업자인 금융회사다. 채무자가 그들이 벌어들이는 수익의 원천인 이자를 갚지 못하면 계약은 즉시 파기된다. 모든 카지노 업자가 동시에 달려들어서 채무자 재산을 해체한다. 이것은 자동 시스템으로 이미 구축되어 운영 중에 있다.

은행은 어떤 경우에도 손해를 보지 않고 남는 장사를 한다. 펀드 판매의 경우 모든 위험을 고객에게 넘기면서도 뻔뻔스럽게 1.5%의 수수료를 떼어 간다. 이들이 고객의 돈을 어떻게든 펀드로 전환시키고자 하는 것은 바로 1.5%의 수수료를 거저먹을 수 있기 때문이다. 세상에 이렇게 손쉬운 장사가 어디 있단 말인가? 은행이 단 한 푼도 손해 보지 않으면서 막대한 돈을 벌 수 있는 구조. 이것은 우리 사회의 근간이 도덕과 윤리가 사라진 카지노 경제 판이기에 가능한 일이다.

Tip. 은행에 가서 기억해야 할 것

- 돈 빌려주는 행원의 친절을 경계하라.

- 특히 PB들을 조심하라. 그들은 세금 떼먹는 방법을 잘 알뿐 그 외의 것
  은 모른다.

- 그들은 고객의 입장에서 장기 재무 계획 수립을 한 번도 해본 적이 없
  는 사람들이다.

- 은행원은 그저 금융상품의 판매자들일 뿐 그 이상의 역할을 해본 적이
  없다.

- 요즘 같은 저성장시대에 은행에서 빌린 돈은 뇌관이고 잠재적인 폭탄
  이다. 더 빌릴 생각 말고 갚는 것에 집중하라.

백전백승의 승부사, 증권사

대형 언론사 직원이던 P 씨는 절약해서 모은 3천여만 원으로 주식투자에 나섰다. 몇 달 만에 두 배 이상의 수익을 올렸다. 자신감이 하늘로 치솟았다. 이런 경험을 한 번 해보면 마치 전지전능한 신이 된 듯한 감정에 빠진다. 그는 생각했다.

'이렇게 돈을 버는 방법이 있구나. 내가 그간 헛살았구나. 그래서 사람들이 투자, 투자 하는구나!'

돈을 조금 더 벌어 보기로 결심한 그는 추가로 빚을 내서 1억 원을 투자했다.

그는 시간 날 때마다 틈틈이 시세판을 쫓았다. 원금에서 오락가락하다 이익도 나고 손실도 나는데 그때마다 기쁘기도 하고 초조하기도 했다. 그러던 중 약간의 하락장에 원금의 상당액을 잃었다. 이

제는 업무시간에도 눈치 보지 않고 초단기 매매에 나섰다. 그리고
는 원금 대부분을 날렸다. 원금 1억 3천만 원이 사라졌다. 원금을
회복할 수 있는 방법은 더 크게 먹을 수 있는 판에 뛰어드는 것뿐이
었다. 이 무렵에는 신경쇠약에 걸렸다. 추가로 대출을 4천만 원 받
아 선물투자에 다시 뛰어들었다. 그리고 가진 것을 모두 잃었고 평
생을 갚아도 만만치 않은 빚을 지게 되었다. 얼마 지나지 않아서 직
장에서도 문제가 생겼고 이혼 위기까지 닥쳤다.

"내 눈에 뭔가 쓰인 모양입니다. 어쩌다 제가 이렇게 되었는지 모
르겠습니다. 이게 대체 뭔 일인지 아직도 모르겠어요. 증권사 창구
직원들 누구 하나 말리는 사람이 없었습니다. 하긴 자기네들 이익
나는데 누가 말리겠습니까?"

P 씨의 사례는 카지노 금융의 본질을 극명하게 보여 준다. 1999~2001
년 사이에는 이보다 훨씬 더 충격적인 일이 비일비재했다. 대형공
장의 생산 라인에 속한 부서 전체가 주식투자에 맞보증을 서서 큰
문제가 된 사건도 있었다.

상담회사를 만든 이래 주식투자와 관련해서 많은 사건을 보았고
지금도 보고 있다. 본질적으로 변한 것이 없다. 주식의 직접 투자는
조금 줄었다. 하지만 간접 투자 상품인 펀드투자 역시 직접 투자와
다르지 않다. 개인이 나서서 주식에 투자할 돈이 있으면 차라리 즐
기는 데 써라. 애초에 주식투자는 하지 않는 것이 좋다.

진실이 이러한데도 카지노의 운영자들은 반대로 말한다. 이름만
대면 알 만한 사람들이 애국심까지 들먹이며 주식, 펀드투자 열풍을

조장했다. 국민은 번번이 증권사에 주머니를 털렸고 증권사만 엄청난 수익을 챙겼다. 1999년 바이코리아 열풍을 기억하는가? 열풍을 일으킨 당사자들은 그룹사 주가조작으로 실형을 선고 받았다.

그런데도 2007년과 2008년, 카지노 업자들은 또 다시 주식형 펀드 열풍을 조장했다. 안전 자산에 있어야 할 98조 원을 카지노 판으로 끌고 들어왔다. 결국은 금융 해적들이 만든 세계 금융위기 때 사람들의 소중한 자산이 공중분해 되었다. 투자의 결과로 많은 가정이 무너지고 개인들의 삶이 황폐화되었지만 책임지는 사람은 아무도 없다. 그들은 지금도 저금리, 저성장 시대라고 주장하며 투자만이 살길이라고 외치고 다닌다.

이것이 카지노 판 증권사의 민낯이고 우리가 이용하는 금융 시스템의 본질이다. 이들은 자신들의 수익을 실현시키는 도구로 소비와 공포를 조장하는 것이 얼마나 쉽고 효과적인지 잘 알고 있다.

사람들을 비교와 소비에 노출시켜 결핍을 느끼게 만들고, 결핍을 채우라고 투자 판을 만들어준다. 이를 통해 지속적으로 탐욕을 채우는 것이 카지노 판의 본질이다. 그러므로 이들의 유혹 앞에서 한시도 경계심을 늦춰서는 안 된다.

Tip. 증권사에 가서 기억해야 할 것

- 증권사 사람들은 주식 시장이 생길 때부터 지금까지 고객을 힘들게 했음을 잊지 말라.
- 그들은 모든 위험 부담을 고객에게 지우고 자신들은 한 푼도 손해 보지 않는 이기적인 사람들이다.
- 수입 창출을 위해 애국심을 가장한 희귀한 논리까지 만들어서 온 나라를 흔들었다. 아무리 멋지게 포장해도 이들은 고객의 재정을 힘들게 한다.
- 투자에서 성공할 수 있다고 자만하지 말라. 직접 투자는 사망에 이르는 지름길이다.
- 교육비와 주택에 관련해서 준비가 마무리되지 않는 사람은 투자 상품에 기웃거리지도 말라.
- 그럼에도 투자의 세계에 발을 들이고 싶다면 온라인 펀드 코리아 등 판매비용을 획기적으로 줄인 채널을 활용하라. 이때 반드시 양심적인 재무상담 전문가의 도움을 받아야 한다.

한 번 실수로 가정이 해체된다

    우리에게는 돈이 필요한 수십 가지의 이유가 있다. 그리고 결핍을 해결하고자 새로운 일이나 사업을 시작한다. 새로운 사업을 시작할 때 누구나 부푼 꿈으로 설렌다. 처음부터 실패하려고 일을 벌이는 사람은 없다. 10년 전 울산에서 실제로 있었던 상담 사례다. 부부는 직장에서 정리 해고된 뒤에 식당 체인점을 준비 중이었다.

    문제는 가진 돈이 너무 적다는 데 있었다. 부족한 돈을 주위에서 빌렸고, 주택 담보 대출까지 받았다. 장사가 잘 된다는 전제 하에 자금을 긁어모았는데, 만약 장사가 예상대로 되지 않으면 그 다음은 불 보듯 뻔 한 일이었다.

    "섭섭하게 들리겠지만 가맹비와 계약금 날릴 생각하고 여기서 접으십시오. 더 이상 일을 확대하면 안 됩니다."

그러나 이미 오천만 원을 투자한 부부는 필자의 조언을 곧이듣지 않았다.

"일 년 안에 망하고 길바닥에 나앉을 수도 있습니다."

그럼에도 부부는 기어이 일을 벌였다. 이들은 사업을 시작한 지 일 년도 안 돼서 빚더미에 앉고 말았다. 부부는 이혼을 했고 직장을 잃은 남편 혼자서 아이 둘을 키우고 있다. 부인은 채권자들의 눈을 피해서 아이들 얼굴만 잠깐 보고 도망치듯 사라지곤 한다.

이 같은 일은 자영업을 시작하는 사람들이 겪는 흔한 일로, 누구에게나 생길 수 있다. 어려운 상황을 조금이라도 개선해 보려고 하다가 이 지경이 된다. 사업 실패로 가정이 재건 불가능 상태로까지 무너지는 원인 중 하나가 바로 가용 가능한 자원 모두를 쓰고 더 이상 쓸 것이 없게 될 때까지 버티고 버티다 무너진다는 것이다. 심리학자들의 주장에 의하면 사람들은 확정된 손실을 두려워한다. 모든 것을 다 투입하고 더 이상 손을 쓸 수 없는 막바지에 가서야 두 손을 든다. 부동산, 주식, 사업에서도 마찬가지다.

한국 사람의 생활력은 세계 모든 국민 중 최고라는 것에 많은 이들의 이견이 없다. 부지런하기가 어느 민족보다 뛰어난데 10년 자영업 생존율은 16.4% 수준(2015년 국세청 국감 자료)이다. 업계 평균이 이 지경이면 우리가 쉽게 접하는 식당이나 먹거리 관련 사업의 현실은 훨씬 더 심각하다고 봐야 한다. 우리나라에서 자영업이 자리 잡기 이토록 힘든 근본 이유가 무엇일까? 다음 도표를 통해 그 원인을 찾아볼 수 있다.

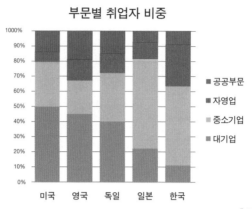

부문별 취업자 비중

■ 공공부문
■ 자영업
■ 중소기업
■ 대기업

미국 영국 독일 일본 한국

출처 : 박창기

현재 우리나라의 자영업 인구 비율은 27.4% 수준으로 터키, 멕시코, 그리스, 이탈리아와 더불어 OECD 국가 중에서도 최고로 높다. OECD 통계를 근거로 살펴 본 자영업자 비율은 미국 6.6%, 캐나다 8.7%, 독일 11.2%, 일본 11.5% 수준이다. G7 국가 중 우리나라보다 비율이 높은 나라는 없다. GDP대비 자영업자 숫자로는 OECD 국가 중 단연 1위다. 인구대비, 산업대비 자영업자 비율이 너무 높다. 우리나라에서 자영업 환경이 얼마나 치열하고 경쟁적인지 가늠하게 한다.

호주의 어느 동네에서 있었던 일이다. 백인이 운영하는 슈퍼마켓은 아침 9시 문을 열고, 12~14시까지는 점심을 먹고 17시에는 문을 닫았다. 그렇게 하고도 먹고 사는데 문제가 없었다고 한다. 어느 날 한국 사람이 인근에 슈퍼마켓을 열었다. 그는 아침 8시에 문을 열고, 점심은 두 시간 동안 먹는 호주 사람과 달리 30분 안에 먹었으며 저녁 8시에 문을 닫았다. 영업시간이 긴 한국 사람의 슈퍼마켓으로 손님이 몰렸다.

두 가게가 경쟁이 붙었다. 한국 사람은 경쟁에서 지지 않으려고 밤 10시까지 문을 열고 휴일도 없이 일을 했다. 백인은 한국 사람의 부지런함에 두 손, 두 발 다 들었다고 했다. 세계에서 가장 부지런한 사람들이 좁은 땅덩어리 안에서 이 같은 무한 경쟁에 노출되어 있는 것이다.

한마디로 모든 자영업자의 상황이 좋지 않다고 보아도 무방하다. 자영업을 해보자고 나섰다가 한 번 실수하면 가정이 무너진다. 그런데도 시중에는 창업 관련 서적이 넘쳐난다. 더불어 부동산으로, 주식으로, 경매로, 누구나 10억쯤은 거뜬히 벌 수 있다고 거짓말한다. 실패해서 신음하는 사람들의 이야기는 누구도 입에 담지 않는다. 용기를 내서 진실을 이야기해도, 나와는 상관없는 남의 이야기로 흘려듣는다. 통계를 제시해도 믿지 않는다. 실패에 대한 현실적인 충고보다 10억을 벌 수 있다는 환상에 더 끌리기 때문이다.

금융 해적의 횡포

　1980년대 후반에 미국의 경제구조는 큰 변화를 겪는다. 미국 경제를 주도했던 제조업이 성장을 멈추고 그 자리에 금융업이 자리잡기 시작했다. 산업 공동화가 진전되었지만 금융의 부가가치가 그 자리를 메꾸어 나갔다. 동시에 무역 적자와 재정 적자가 크게 증가했다. 미국의 전체 이윤 대비 금융산업의 이윤 비중은 1985년 약 17% 수준에서 2005년 약 40%까지 치솟았다.

　이 돈들이 바로 전 세계를 뒤흔들어 놓는 종잣돈 역할을 했다. 그 결과 국민 대부분의 생활수준이 크게 저하된 반면, 극소수 부유층은 상상을 초월하는 거액의 부를 독점한다. 날이 갈수록 빈부격차가 커졌다. 미국은 그들 사회와 경제를 파괴하는 데 만족하지 않고 다른 국가들에게도 규제철폐를 요구하고 민영화 압박을 가했다. 일본 경제와 마찬가지로 한국 경제 역시, 미국의 요구에 맞추어 기간산업과 공기업을 민영화하며 각종 규제 완화를 추진했다. 특히 금융자본의 유입과 퇴로를 미국 금융업자들의 요구대로 자유화하여 미국의 영향권 아래 편입되었다.

미국의 정치와 금융을 쥐고 흔드는 권력은 누구에게 있는가? 바로 금융 카지노 업자들 손에 있다. 본질적으로는 금융 해적인 이들은 금융의 자유화 바람과 국경을 뛰어 넘는 세계화를 통해서 세계로 뻗어 나갔다. 이들은 전 세계를 대상으로 해적질을 했고 무한의 탐욕을 추구하다 통제 불능 상태에 빠졌다. 그 결과가 2008년 리먼 브러더스 사태다.

금융 해적들의 본거지인 미국에서 시작된 위기는 많은 국가를 부도 직전의 상황으로 내몰았다. 각국의 정부가 돈을 쏟아 부으며 금융권의 부채를 끌어안고 나서야 간신히 위기를 모면할 수 있었다. 하지만 본질적인 문제는 여전히 남아 있다. 이 사태를 수습하기 위해 쏟아 부은 자금의 유동성은 여전히 태풍의 눈으로 잠재되어 있다. 그것이 언제, 어디서 통제 불가능한 모습으로 나타날지 누가 알겠는가? 온 세계가 전전긍긍한다. 미국도 예외가 아니다. 미국은 이 위기를 모면하기 위해 얼마나 많은 돈을 쓸어 넣었는가? 미국의 연준 자산은 2007년 8,649억 달러에서 2014년 4조 4,759억 달러로 5.2배 증가했다. 미국의 영향에서 자유로울 수 없는 우리나라 역시 비슷한 형국이다.

나라마다 막대한 돈을 부어서 위기를 모면했다. 휘청하긴 했지만 일단은 넘어지지 않고 버텼다. 그런데 위기를 넘기자마자 개개인의 신용부채를 통해서 소비를 늘렸다. 오래 전부터 각 국가들은 신용제도를 만들어서 실제 돈이 없더라도 빌려 쓸 수 있게 했다. 신용제도는 젊은 세대를 유혹했다. 부모 세대가 30년 저축하여 누린 것들을 사회생활 시작하자마자 누릴 수 있게 해주었다. 자동차도 아파트도 해외여행도 빚을 내면 누구나 가질 수 있고 할 수 있다.

결국은 모두가 외상 거래를 통한 부채다. 미국도 한국도 일본도 영국도 모든 국가의 30년간 성장의 핵심은 바로 빚이다. 민간부채든 국가부채든 이자 부담 없이 계속하여 늘릴 수만 있다면 얼마나 좋을까? 이 순환이 중단되는 순간 위기가 온다. 우리나라 역시 가계부채의 급격한 상승을 전제로 성장했다. 그러나 몇 해 전부터 수입 및 부채 확대의 막바지 벽에 다다른 저소득 구간의 사람들이 흔들리며 소비 침체의 진입 징조가 보였다. 지금은 그 위기가 전염병처럼 중산층으로 서서히 옮겨 가고 있다. 최근에는 부동산 전세 가격의 상승까지 맞물려서 그나마 형편이 나은 사람들의 소비 여력도 모조리 앗아갔다. 전세 보증금을 마련하고 집을 사느라 돈을 다 써버린 것이다.

우리는 여전히 미국 해적 금융의 탐욕에 무방비로 노출되어 불안한 하루하루를 보내고 있다. 금융 해적들은 세계 3위의 경제력을 가진 일본도 무너트릴 수 있을 만큼 막강한 투기자금을 보유한 채 전 세계를 대상으로 허점을 찾아다닌다. 다른 나라야 망하든 말든 극소수의 무한한 탐욕을 위해서 움직인다. 이것이 바로 단기적인 외환 거래에 부과하는 토빈세(Tobin Tax)가 절실하게 필요한 이유다.

미국의 금융 해적을 수차례 언급하는 이유가 따로 있다. 국내에서 그들의 탐욕에서 자유로운 금융회사는 없으며 미국의 금융 해적들로 인해 국내 금융업자들 역시 살아남기 위해 더 탐욕적으로 경쟁하기 때문이다. 그 피해는 국민들에게 고스란히 돌아간다.

이제 그만 해먹읍시다

연말이 되면 은행은 엄청난 수익을 직원들에게 펑펑 안겨 준다. 그들만의 성과급 잔치를 하는 것이다. 이 돈은 어디서 왔을까? 연말 전에 은행은 구조조정이란 이름 아래 직원들을 내보낸다. 고객을 ATM 기계 앞에 줄 서게 만들고 수수료를 받는다. 이렇게 모은 수입으로 엄청난 수익을 만들어서 자기들만의 잔치를 벌인다. 먹이사슬 구조의 가장 꼭대기에 위치한 이들은 돈이 필요한 고객들, 이름만 고객인 '을'에게 '갑'으로서의 요구를 한다.

"고객님, 요즘 누가 저축으로 돈 모읍니까? 이자 많이 붙어서 나오는 펀드에 가입해야죠!"

창구 직원의 말을 믿은 고객은 그것이 투자 상품인지 적금인지도 모르고 가입한다. 직원들은 상품을 팔아서 목표를 채운다. 자리를 보존하고 성과급을 챙기려면 팔아야 한다. 자신들의 배만 채우면 그만이다. 펀드수익률이 땅바닥으로 추락을 하든 말든 그것은 고객이 알아서 할 일이다. 대출받는 고객에게 수익률을 운운하며 보험 상품을 사실상 강매한다. 금융회사들의 장벽이 무너지고 있지만 고객의 편리성보다 은행의 수익성을 높이기 위한 것이 본질이다. 힘 있는 집단이 힘없는 고객을 사냥하기 훨씬 수월한 환경이다.

보험회사나 증권사 직원 한 사람이 일 년 동안 판매하는 상품을 은행원은 한 달 만에 팔아 치운다. 은행은 펀드와 보험 상품의 판매량에서 압도적인 성과를 만들어낸다. 그런데 실상을 들여다보면 결국 힘 있는 사람이 약한 사람의 밥그릇을 가져간 것이나 다름없다. 소비자의 입장에서 좋아진 것은 거의 없다. 그냥 판매자만 바뀐 것이다. 바른 사람이 아니라 힘 있는 자가 고객의 주머니를 독식하고 있다.

이것이 바람직한 변화가 되려면 고객의 현금 흐름과 재정 상황 파악을 전제로 적합한 상품을 추천해야 한다. 공익적인 기능을 상실한 은행에서 이런 상담을 기대하기는 불가능하겠지만 바람직한 변화의 핵심은 바로 객관적인 상담의 제공이어야 한다. 그래야 공동체가 유지되고 금융 소비 주체인 가정이 안정적인 성장을 할 수 있다.

농민을 위한 금융회사인 농협이 처음 PB센터를 만들었을 때의 일이다.

"농협의 이름에 걸맞게 농민을 위한 일과 서민을 위한 금융에서 농협은 최고가 될 수 있는데 왜 부자들을 대상으로 하는 PB센터를 만들지요?"

필자가 이렇게 묻자 담당 임원이 웃으며 대답했다.

"경쟁에서 살아남으려면 별 수 있나요? 돈 되는 사업을 해야죠."

이들은 잘할 수 있는 일 대신 최대가 되기를 원했고 수익의 극대화를 위한 경쟁에 뛰어든 것이다. 금융회사는 사회적인 가치를 추구하면서 중장기적으로 수익을 낼 수 있는 사업을 할 수 있다. 그것이 세상에 꼭 필요한 사업이기도 하다. 그런데도 금융회사는 여전히 수입에만 급급해 한다. 그만큼 벌었으면 됐다. 수익과 성장만을 추구하는 거대화는 결국 자신들의 배만 더 키우겠다는 욕심이다. 공익에 도움이 되지 않는 비즈니스 모델들이 조만간 성장의 한계에 빠질 거라는 미래학자들의 이야기에 귀 기울일 필요가 있다.

변화를 위해서는 힘 있는 자리에 있는 사람들이 먼저 변해야 한다. 미래가 불안하게 흘러가도 지도자들이 적극 대응하지 않는 것은 자신과 자신의 가족은 안전지대에 있다고 보기 때문이다. 이들이 자신과 가족의 안위만 바라보고 일을 하면 세상은 정말 암울해진다. 은행이 덩치 키우기에만 연연하지 말고 사회적인 가치가 있는 일에 관심을 가져야 한다. 은행의 내실은 물론 우리 사회가 발전하는 데도 도움이 될 것이다. 폼은 좀 덜 나더라도 말이다.

만병의 근원, 부동산

현대 사회를 해석하는 주요한 키워드 중 하나가 푸어(poor)다. 여러 종류의 다양한 푸어가 있지만 그중에서도 하우스 푸어 문제가 가장 심각하다. 하우스 푸어의 본질은 정책의 실패와 금융회사의 탐욕, 그리고 개인의 욕심이 결합한 데 있다.

A 씨는 남들이 부러워하는 대기업에 근무한다. 초등학교에 다니는 딸과 아들, 그리고 아내가 있는 40대 가장이다. 꽤 높은 연봉을 받는데도 생활은 점점 쪼들리고 있다. 최근에는 부인이 인근 마트에서 시간제로 일하고 있다. 그는 이렇게 말했다.

"부모님 돈까지 끌어들인 부동산 구입에 문제가 있었습니다. 투자를 무리하게 했나 봐요. 버는 돈의 절반 정도가 대출금 이자로 나갑니다. 그간 지급한 이자가 아깝고 또 오를 가능성도 보여서 저축이라 생각하고 가지고 있었어요. 근데 이게 점점 숨을 조여 옵니다."

월수입의 47%가 대출금 상환의 이자로 나가고 있으며 원금은 아직 한 푼도 갚지 못했다. 원금까지 상환되기 시작하면 수입의 80% 이상이 나간다. 여기에 아이들은 점점 자라고 교육비도 만만찮게 빠져 나가고 있다. 이자와 교육비로만 수입의 70%를 쓰는 상황이다.

"제가 포기한 순간, 부모님의 노후 생활은 파탄 납니다. 그 동안 휴가철에도 변변한 여행 한번 가지 못했습니다."

생활비가 없어서 유지하던 금융상품은 전부 해약했다. 부인이 마트에서 일하는 이유도 생활비가 없어서다.

"희망이 보이지 않으니 사는 게 고통입니다. 이제 어떡해야 하죠?"

A 씨는 간절한 어조로 물었다. 한 가장이 살맛을 잃어버린 이런 상황은 왜 벌어졌을까? 무엇이 이 가정을 이렇게 만들었을까?

김대중 정부는 시장의 원리를 따른다며 부동산 분양가 상한제를 폐지했다. 판도라 뚜껑을 열어 버린 셈이다. 노무현 정부 역시 어설픈 부동산 정책으로 가격을 폭등시키는 실수를 범했다. 철학 없는 이명박 정부는 전임 정권들이 실패 후에 새로 수립한, 장기적인 부동산 정책을 무너트리며 양극화를 부채질했다. 우리도 일본 부동산 시장의 전철을 그대로 밟아 간다. 집권한 모든 정권이 부동산과 관련된 정책에서 실패를 맛봤다.

   그렇다면 우리나라의 비금융 자산, 토지 가격은 어느 정도로 높은가? 박종훈의 책《대담한 경제》에 따르면 일단 GDP대비 4.1배로 일본의 2.4배, 미국의 1.2배보다 높다. 인구밀도가 우리보다 높은 네덜란드의 토지 가치도 우리의 1.6배에 불과하니 인구밀도 핑계도 댈 수 없다. 인구밀도가 대단히 낮은 호주는 어떤가? 우리의 2.5배다. 인구밀도와 상관없이 토지 가격은 국가별로 다 다르다.

   우리는 부동산 성장기에 치솟는 가격으로 인해 많은 혜택을 누렸고 돈도 벌었다. 하지만 거품은 지속될 수 없다는 사실을 직시할 필요가 있다. 건전한 소비에 사용되어 경기를 순환시켜야 할 돈이 부동산 거품 형성에 쓰여서는 안 된다. 일본의 경우 80년대 불붙기 시작한 부동산 거품은 커질 대로 커지다가 90년대 들어가서 폭락 사태를 맞았다. 당시 일본의 토지 가격은 GDP대비 5.5배 수준이었다. 우리나라 역시 일본을 그대로 따라간다.

   1990년대 후반부터 급격히 상승한 부동산 가격은 거시적으로 보면 생산 경제와 자산 경제의 균형점을 무너트렸고, 가정 경제의 수입과 지출의 균형점을 깨트려 버렸다. 의료, 교육, 주거로 대표되는 국민의 기본 생활권 중 하나가 완전히 통제 불능의 상황으로 흘러갔다. 그리고 성장의 모든 과실을 챙긴 기성세대와 그들의 비위를 맞추는 정부, 건설업자, 금융업자들은 전세난에 지친 30~40대 불쌍

한 가장들에게 오를 대로 오른 부동산 폭탄을 선물로 넘겨주었다. 조직적인 범죄행위라고 볼 수 있다.

정책의 실패와 기성세대의 탐욕으로 고통당할 세대는 바로 최근에 부동산을 구입한 20~40대다. 국가 통치자들의 리더십 부족과 기성세대의 탐욕, 우리를 지배하는 사회의 낮은 가치수준이 부동산의 현재를 반영하는 것 같다. 참고로 일본 도쿄 주변의 배드타운 주택가격은 거품 대비 1/10가격으로 폭락했다. 이제 우리에게는 또 어떤 일이 일어날 것인가? 유심히 지켜 볼 일이다.

가난을 물려주지 않겠다, 출산 파업

"요즘 젊은 사람들은 결혼을 하지 않으려는 경향이 있다. 그리고 결혼해도 아이를 낳지 않는다. 앞으로 미래에는 이것이 가장 심각한 사회문제가 될 것이다. 젊은이들이 출산 파업으로 기득권을 가진 사람들에게 강력한 경고를 보낸다. 이런 식으로 세상이 흘러가면 우리는 대를 잇지 않겠다고."

지금으로부터 10여 년 전에, 울산의 사회운동가 하부영 씨가 예측한 말이다. 젊은 세대가 점점 곤궁해질 것임은 인구 구성 비율을 관찰하면 이미 오래전부터 예상할 수 있었던 일이다. 1960년대 후반부터 최근까지 우리나라의 생산 가능 인구는 지속적으로 증가했는데 2012년 최고점을 찍은 뒤 정체를 겪다가 이제 인구 절벽이라고 부를 만큼 빠른 속도로 추락할 것이 예상된다. 이로 인해 그간 겪지 못한 일들이 나타날 것이다. 더불어서 우리나라 수출의 주요국들 역시 인구 감소로 성장의 정점을 맞이했다. 수출이 늘지 않을 거라는 의미다.

첫째, 수출 주요국들의 인구 하락으로 수출 성장이 정체될 것이다. 둘째, 국내 역시 생산 가능 인구의 하락으로 소비가 위축될 것이다. 셋째, 소비 위축은 경제 성장률을 제자리걸음을 하게 할 것이며 내수시장에 직접적인 영향을 미칠 것이다. 마지막으로 내수시장의 위축은 일자리 감소로 이어지며 이는 청년들의 취업을 제한할 것이고, 이로 인해 많은 청년이 결혼을 하지 못할 것이다. 결국 출산 포기로 인해 우리 사회가 심각한 곤궁에 빠질 것이다.

이는 결코 젊은이들만의 문제가 아니다. 나라 전체의 문제다. 그간 성장의 달콤한 단맛에 젖어 있는 기성세대에게도 영향을 미칠 것이다. 기성세대가 보유한 금융자산과 부동산 자산을 뒷받침해 줄 사람들이 없기 때문에 기성세대의 노후에도 직접적인 타격이 있다.거시적인 인구 변화 원인과 별개로 청년층 결혼 포기의 시발점은 급등한 주택가격과 과도한 교육비 지출이었다. 그간 물가 상승률 이상 뛰어 오른 주택 가격은 청년들의 희망을 꺾어 버렸고 전 세계 어디를 보아도 찾기 힘든 과도한 교육비 지출은 맞벌이를 해도 아이 하나 잘 기르는 것을 힘겹게 만들었다. 결혼해서 아이를 낳는 것은 독립운동과 같은 대단한 용기를 필요로 하는 시대다.

청년들은 이제 포기하고 살벌한 세상에 적응해서 살아간다. 대표적으로 일본의 사토리 세대가 있다. 일어로 사토리란 '달관', '깨달음'이라는 뜻이다. 일본의 사토리 세대는 욕망을 접고 아무것도 할 의지가 없는 세대, 도인과 같은 마음으로 모든 것을 포기해서 오히려 행복한 세대를 의미한다. 모든 희망을 접고 아무것도 할 마음이 없으니 오히려 마음의 평안을 찾는다.

우리나라에는 '88만 원 세대'가 있다. 이 88만 원 세대는 취업과 연애와 결혼을 포기하는 삼포세대로 진화했다. 그러다가 출산, 내 집 마련까지 포기한 오포세대, 여기에 또 몇 가지를 추가로 포기한 N포 세대가 됐다. 조금 더 있으면 삶의 모든 목표를 포기할지도 모른다.

지금 일본의 사토리 세대를 우리나라 청년들이 빠른 속도로 닮아가고 있다. 사토리 세대는 한편으로는 득도한 세대라고 하는데, 다른 한편으로는 자포자기한 세대다. 패기만만해야 할 젊은 세대가 돈과 명예를 초월해 안분지족(安分知足)하는 삶을 살아가는 것은 어울리지 않는다. 자연스럽게 얻은 깨달음이 아니라 강요된 깨달음이라는 점에서 비극적이기도 하다.

이러한 세대 비극의 일차적인 원인 제공자는 후진적 정치와 온갖 단물을 다 챙겨 먹으려는 기성세대다. 최근 우리 사회 일각에서 젊은 세대에게 현실을 바꾸려는 도전 정신이 느껴지지 않는다는 지적과 비판을 하며 무한 노력, 무한 경쟁, 무한 열정을 외친다. 그러기에 앞서 기성세대가 자신들의 책임을 자각하고, 문제를 해결할 제도 개혁에 힘을 보태는 것이 먼저가 아닐까?

성숙 없는 성장의 시대

현대인들은 할 일도, 하고 싶은 일도 많다. 금융권은 현대인들의 소비 심리와 불안 심리를 자극해 국민들의 손발을 거미줄로 뚤뚤 엮어 놓았다. 그리고 팔 수 있는 금융상품을 최대로 많이 판매했다. 약 800만 명의 국민이 저신용의 늪에 빠져 허우적거린다. 돈을 많이 벌고 부자가 되는 것이 우리 사회 최고의 가치가 되면서 많은 사람이 부자가 되고자 했다. 하지만 대다수 사람이 있는 것도 지키지 못하고 빚까지 지는 신세로 전락했다.

우리는 부채문제를 해결하고자 내놓은 정책들이 가난한 사람의 상황을 더욱 악화시키는 것을 수도 없이 목격했다. 고금리 대부업체의 고속 성장의 배경에는 정부 정책의 실패가 있다. 서민을 돕는다는 취지로 고금리 대부업체의 불안한 채권을 정부가 대신 나서서 항상 상환해 주었기 때문이다. 그것은 자그마치 15년째 반복되고 있다. 금융권 삽질정책의 대표적인 사례다.

고객은 재정적인 목표달성과 문제해결에서 전문가의 도움을 받길 원했지만 금융 산업 종사자들은 그런 일에는 전혀 관심이 없었다. 매출 증대와 수익 향상을 위해 상품 판매 경쟁에만 몰두했다. 저신용자들을 대상으로 범죄 수준의 사악한 행동을 저지른 금융회사도 많다.

가장 대표적인 것이 대학생 신용대출이다. 금융 소비자는 금융회사를 불신하기 시작했고 소비자의 미래는 더 불안해졌다. 거품이 빠지면 금융회사의 미래도 불안해진다. 금융권들이 소비자의 신뢰를 많이 잃었다. 예전 은행 직원에게 가졌던 금융 소비자의 존경심은 남아 있지 않으며 은행 스스로 천박한 장사꾼의 길을 선택했다.

세상이 계속 지금처럼 흘러간다면 미래세대에게 희망인가, 불행인가? 대부분의 사람들이 지금처럼 흘러가면 불행이 닥칠 거라는 사실에 동의한다. 아주 짧은 시간 동안 세상이 변했다. 우리 사회를 지배하는 성공과 가치의 기준이 다름 아닌 돈이 되었다. 이로 인해 발생하는 문제는 생각보다 훨씬 심각하게 나타난다.

가장 심각한 문제는 돈으로 인한 공동체 파괴다. 자본이 들어오기 전에는 멀쩡하던 공동체가 이권을 두고 다투다가 해체되는 사건이 지금 이 순간에도 벌어지고 있다.

24가구가 사이좋게 살고 있던 정선군 북평면 숙암리 마을은 최근에 쑥대밭이 됐다고 한다. 조용하고 평화로운 시골 마을에 무슨 일이 생긴 걸까?

사건은 평창 동계올림픽과 관련된 공사가 진행되면서 시작되었다. 공사 업자는 마을 이장을 현장 직원으로 채용해 각종 민원을 무마하고 공사를 진행했다. 마을 사람의 뜻을 모아 추진해야 할 일들을 이장 개인의 동의로 처리했다. 그런데 이장의 임기가 끝났고 주민들로부터 불신임을 당했음에도 그는 이장을 더 하겠다고 고집을 부렸다고 한다.

결국 주민 간에 고소 고발이 이어지고 이장 자리는 공석으로 남았다. 그런데도 업체는 주민들의 동의를 빙자해 공사를 강행했다. 그리고 전임 이장에게는 공사장 식당 운영권을 주었다. 마을 주민들이 새로운 이장을 선출하고 대책위원회를 구성해 잘못된 일을 바로 잡으려 하자 폭력 사건이 발생했다.

동계올림픽 경기장 공사가 결정되면서 마을 전체가 공중 분해된 것이다. 수백 년을 이어온 마을의 문화와 전통은 공사장 폐자재 취급을 당하고 이권을 매개로 싸우던 주민들은 결국 갈라섰다. 그리고는 뿔뿔이 흩어질 위기에 처했다. 숙암리 마을에 시집와서 60년을 넘게 산 할머니도 마을을 떠날 준비를 한다고 한다. 빈집이 늘어나고 이웃의 집들도 헐렸다. 어느 작은 시골 마을에서 벌어진 일이지만 우리 사회 갈등의 축소판 같다.

이렇게 돈이 지배하는 세상은 결국 공동체 정신을 파괴한다. 서로 돕고 끌어주고 돌보는 마음이 자리 잡지 못한다. 더불어 사는 것 자체가 불가능해진다. 우리가 발붙이고 사는 공동체가 살만 하려면 빠른 성장보다 더디지만 성숙한 성장이 필요하다. 경제의 핵심인 금융에는 도덕과 윤리가 반드시 따라 붙어야 한다. 미래의 희망을 위해서라도 국가가 공권력을 발휘해 금융이 사악해지지 않고 성숙하도록 통제해야 한다.

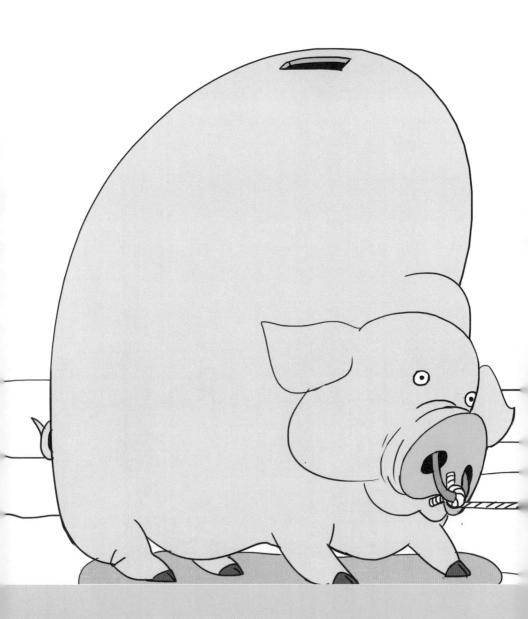

002
돈을 모으는 확실한 방법

농부의 마음으로 가정 경제를 일궈라

한 곳에 정착해서 땅을 일구고 농사를 짓는 농부의 마음을 생각해 보자. 농부는 계절에 맞추어 미리미리 앞날을 준비한다. 꾸준히 일을 하려면 힘이 있어야 한다. 소박하지만 몸에 좋은 음식을 먹고 농한기에는 충분히 쉰다. 그리고 다시 일할 때가 되면 성실하게 일한다. 반면에 수렵생활을 하거나 목축업을 하는 이들은 어떤가? 이들은 정착하지 못하고 끊임없이 이동하고 움직인다.

'지속가능한 가정 경제'를 일구는 능력은 농사 짓는 기술과 크게 다르지 않다. 꾸준하게 계속하는 것이 힘이고 한 방을 욕심내지 않는다. 수입의 많고 적음을 떠나서 일상생활을 편안하고 안정적인 상태로 꾸준히 유지하는 것이 경제적으로 행복을 누리는 핵심 요소다. 이것을 우리는 '지속가능한 가정 경제'라고 부른다. 카지노 게임에 임하는 마음으로 가정 경제를 바라보지 말고 농사짓는 농부의 마음으로 가정 경제를 바라보자.

다음은 카지노 금융에 발목이 잡힌 가정과 농부의 마음으로 가정 경제를 일군 가정의 모습을 비교한 것이다. 먼저, 카지노 금융에 발목이 잡힌 가정은 어떤 모습인가?

- 뭔가 될 것이라는 막연한 기대감으로 한 방을 기대한다.

- 습관적으로 돈을 빌리고 대출을 줄일 생각을 하지 않는다.

- 저축하지 않는다.

- 수입과 지출의 균형을 맞추지 못한다.

- 단기매매 회전의 주식투자나 고위험의 투자를 한다.

- 마이너스 대출을 끌어안고 산다.

반면에 농부의 마음으로 일군 가정 경제는 어떠한가?

- 검소한 생활을 한다.

- 일정 비율을 반드시 저축을 한다.

- 목적에 따른 저축 통장이 여러 개 있다.

- 계획적인 소비를 한다.

- 예비 자금이 있다.

- 꼼꼼하고 부지런하다.

누구나 돈을 많이 벌고 싶은 욕구가 있다. 욕망을 마음껏 실현시키는 데 최적화된 시장경제 체제는 마음만 먹으면 누구나 성공할 수 있다는 허상을 심어 주었다. 그러나 현실은 그렇지 않다. 욕망을 마음껏 실현시킬 수 있는 사람은 지극히 소수다. 지금의 시장체제는 보통 사람에게 기회를 주지 않는다. 보통 사람은 극소수 사람들의 무한한 탐욕의 자양분일 뿐이다. 자본을 이미 손에 잡은 자들만 성공할 수 있다.

그러면 보통 사람들에게는 방법이 없는가? 보통 사람들이 따라할 수 있는 가장 좋은 방법은 현금 흐름을 조율하고 관리하고 안정적으로 유지하는 것이다. 수입의 많고 적음을 떠나 안정적인 삶의 구조를 만들고 '지속가능한 가정 경제' 시스템을 구축하려면 현금 흐름을 잘 관리해야 한다. 그러기 위해서 본받을 자세가 바로 농부와 같은 삶을 사는 마음이다.

돈을 많이 버는 것 말고도 우리를 행복하게 해줄 요소는 도처에 널려 있다. 금융자산 말고도 우리가 이미 가지고 있는 자원은 무한대다. 봉사, 헌신, 이타심, 취미, 우정, 신앙, 신념, 정치, 가족, 친구, 이웃, 공동체, 얼마나 많은가? 가지지 못한 것에 집착할 것이 아니라 이미 가진 자원을 이용해서 삶을 더 풍요롭게 해보자. 별 것 아닌 것 같은 작은 일이 모여서 돈이 주지 못한 행복을 선사해 줄 것이다.

부채부터 없애라

재정적 도움을 받기 위한 상담은 크게 유료와 무료로 나뉘어진다. 무료로 이루어지는 재무상담은 상품판매에 집중하는 회유와 설득이 대부분이다. 유료 상담은 상품 판매에 초점을 맞추지 않고 객관적인 정보를 제공하는 경향이 강하다. 특히 유료 상담의 핵심은 가정의 현금 흐름에 초점을 맞춘다는 사실이다. 유료 상담을 제공하는 상담사들이 공통적으로 주장하는 이야기다.

첫째, 현금 흐름부터 진단해서 가정 경제의 기초 체력을 튼튼하게 하라.

둘째, 검소하게 살며 꾸준히 모아라.

셋째, 돈에 대한 과도한 욕망을 버리고 일상생활에서 성숙한 행복을 찾아라.

이 세 가지는 이 책의 핵심이기도 하다. 또 바르고 성숙한 마음으로 고객을 상담해 온 의식 있는 상담사들이 99%의 대중에게 꼭 권하고 싶은 행동 지침이다.

첫 번째 원칙인 현금 흐름 진단을 통해 가장 먼저 부채부터 정리해야 한다. 2015년 우리나라의 가계부채의 총량은 1,100조를 넘어섰다. 인위적인 정책으로 주택 담보 대출의 이자를 낮추자 순식간에 벌어진 일이다. 전세난에 허덕이던 많은 젊은이와 교육비 등 자녀 뒷바라지에 힘겨운 많은 사람이 대출을 받았는데 부채 증가 속도가 매우 빠르다.

가계의 가처분 소득 대비 부채 비율은 미국의 113%, 국가 부도 위기에 허덕이는 그리스의 130%보다 높은 164%를 넘어 심각한 수준으로 가파르게 오르고 있다. 이는 오직 정권 창출에만 관심이 있는 우리 정치의 후진성 때문이다. 장기적인 정책을 만들지 않고 단기적인 처방에만 집중하면서 이런 일이 발생했다. 근시안적인 정부의 정책은 대부분 실패와 혼란을 가중시켰다. 정부의 부채 활성화 정책을 믿고 따라가면 큰 낭패를 볼 수 있다. 돈 갖다 쓰라는 달콤한 말은 들은 척도 말아야 한다.

그 다음으로는 빚을 얻어서라도 소비욕구를 충족시키려고 한 우리의 마음을 돌아봐야 한다. 우리가 그렇게 기를 쓰고 소비하려고 했던 이유는 무엇인가. 지금의 삶을 갉아 먹으면서 돈을 쓰는 것이 바람직한 일인가? 그것은 욕심이고 집착일 뿐이다.

우리가 이렇게 돈을 쓰는 근본 이유는 욕구와 결핍 때문이다. 인간은 욕구와 결핍을 채우지 못하면 부정적인 감정이 한꺼번에 일어나 아우성친다. 반대로 욕구와 결핍을 채우면 자신감과 만족감 같은 긍정적인 감정을 느낄 수 있다.

요즘 같은 카지노 시대에 욕구와 결핍을 돈으로 채우는 것은 얼마나 쉬운가? 신용카드 한 장 들고 번화가로 나가면 천지에 돈 쓸 곳뿐이다. 욕구와 결핍을 돈으로 채우면 일시적으로는 기분이 좋다. 그래서 버는 것보다 더 쓰고 부족하면 빚까지 끌어 쓰는 것이다.

돈 관리를 못하고 빚을 진다는 것은 인격의 문제다. 내 욕구와 결핍을 다스릴 줄 모른다는 뜻이다. 이런 문제를 눈치 채지 못하고 계속 돈을 쓰면 어떻게 되겠는가? 돈이 없어서 쓰지 못하면 감정이 폭발하고 부정적인 감정의 수렁으로 빠진다. 스스로를 존재 가치가 없는 사람으로 여기게 된다.

대박을 노리는 사람들의 심리도 마찬가지다. 빚을 내서 부동산에, 아이들 교육에 투자해서 소위 대박을 터뜨리려는 사람들은 욕구와 결핍을 조절할 줄 모른다. 우리 마음에 이렇게 병든 구석이 있지 않은지 돌아봐야 한다.

개별 가정에서 해야 할 일은 가정 경제를 제대로 진단하는 것이다. 카지노 금융에 잡힌 발목을 빼내고 일단 부채를 줄이는 것에 집중을 해야 한다. 그런 다음에 편안한 마음으로 실행할 수 있는 계획을 수립하고 이를 실천하자.

이것은 직장에서 적당히 일하다 말고 눈치 보면서 투자 정보를 얻거나 주식투자하는 것을 말하는 것이 아니다. 걱정 때문에 잠이 오지 않아서 뜬눈으로 밤을 새우며 겪는 마음고생이 아니다. 마흔 전에 얼른 수십 억 벌어서 일하지 않고 살자는 외침도 아니다. 20대부터 영악한 짠돌이가 되어야만 부자가 될 수 있다는 논리도 아니다. 토요일과 일요일에도 가족들 팽개치고 투자 정보 얻으러 다리품 파는 것을 의미하지도 않는다.

여기서 말하는 지속가능한 가정 경제란 마음과 금전의 여유, 가족들이 함께 웃을 수 있는 행복이 전제되는, 작지만 탄탄한 경제를 뜻한다. 그러기 위해서는 일단 부채 없이 돌아가는 가정 경제를 만드는 것이 우선이다.

불변의 진리, 근검절약

　상경계열 83학번인 필자는 흔히 말하는 386세대다. 대학 1학년을 다니다가 중퇴하고 노동현장에 투신했다. 1998년 어느 날, 울산 산업 현장의 용접공과 오토바이를 타는 노동자들이 보험 가입에 제한을 받고 있다는 사실을 알게 되었다. 그들이 불이익을 당하지 않도록 해야겠다고 생각했고 보험사와 협상 끝에 새로운 개념의 '소멸성 보험'을 만들었다.

　소멸성 보험이란 만기 시 환급금은 없지만 보장이 잘되어 있고 보험료가 저렴한 상품을 말한다. 동시에 사무직은 조금 더 내고, 생산직은 조금 덜 내도록 구성해 수수료를 크게 낮추었다. 보험의 사각 지대에 놓인 노동자에게 유익한 상품을 공급함과 동시에 금융 문맹을 개선하고자 교육과 상담을 병행했다. 이 과정에서 목격한 우리 사회 중산층과 서민층의 재무관리 실태는 형편없었다.

포도재무설계가 만들어진 지 17년이 흘렀다. 냉정하게 말해서 그때나 지금이나 달라진 것은 거의 없다. 오히려 금융회사는 수익을 내기 위해 과거보다 더 노골적으로 눈에 불을 켜고 있다. 고객은 그저 수익의 대상이고 어항 속 물고기 같은 존재다. 금융회사는 어항 속 물고기를 사냥하듯 소비자의 주머니를 털어낸다. 금융회사의 탐욕은 여전하고 소비자는 보험, 대출, 투자의 모든 영역에서 고통스러워 한다.

최근 금융회사는 업종을 망라해서 연합하기 시작했다. 노후 준비를 하라고 떠들면서 공포 분위기를 조성하는 것이다. 이들은 공포와 불안을 미끼로 제 주머니만 채우고 그렇지 않아도 팍팍한 국민의 삶을 더욱 팍팍하게 만든다. 이쯤에서 다시 한 번 생각해 보자. 주식, 보험, 대출의 기능은 과연 가정 경제를 윤택하게 하는가? 오히려 과도한 판매로 힘들게 하고 있지는 않은가?

윤리와 도덕이 담보되고 통제되는 금융은 우리의 삶과 사회에 윤활유 같은 역할을 할 수 있다. 반대로 오로지 수익만을 추구할 경우에는 거품을 기반으로 성장한다. 이러면 윤활유가 아니라 가정 경제를 힘들게 하는 요인이 된다. 지금이 그런 상황이다.

통장에 돈이 없으면 안 쓰면 될 일인데 카지노 금융업자들은 쓸 수 있는 시스템을 만들었다. 이것이 만성적인 흐름을 타면 무감각해지고 둑이 무너지기 직전까지도 위기를 느끼지 못한다. 신용을 담보로 쓸 만큼 쓰고 나면, 가정 경제가 무너지기 시작한다. 수입이 적은 사람부터 차례대로 무너진다.

소비에 무감각한 상황에서 벗어나야 한다. 새로운 눈으로 스스로를 바라볼 필요가 있다. '지속가능한 가정 경제'는 되돌아봄에서 출발한다. 여기서 등장하는 것이 '지킴'의 개념이다. 튼튼한 가정 경제 구축의 밑바탕에는 지킴이 있다. 있는 것을 잘 지켜야 안정적으로 살 수 있다. 예나 지금이나 검소함이 미덕이다. 부모세대의 황금률이 근검절약이었고 지금도 유효하다.

우리나라에 재무 설계를 처음 도입하고 전파했던 윤병철 회장이 남긴 말을 음미해 보자.

"사람들이 진정으로 찾는 것은 행복한 인생, 행복한 가정입니다. 그 꿈을 실현시키는 데에는 어느 정도의 돈이 필요합니다. 돈이 행복의 중요한 요소인 것은 분명하지만 돈이 많다고 해서 반드시 인생이 행복해지는 것은 아닙니다. 돈이 우리 내면의 삶을 대체할 수는 없기 때문입니다.

그럼에도 사람들은 '돈이 많으면 행복해진다'는 함정에서 벗어나지 못하고 있습니다. 이것은 달은 보지 못하고 달을 가리키는 손가락만 보는 것과 같습니다. 많은 돈을 원하면서도 진정으로 자기가 바라는 행복한 삶을 생각하지 못한 채, 버는 데만 신경을 쓰고 불필요한 지출과 잘못된 소비 습관으로 자신의 돈이 줄줄 새고 있다는 사실은 까맣게 모르고 지냅니다.

행복한 인생, 행복한 가정은 보지 못한 것을 보고, 몰랐던 것을 알게 될 때 비로소 가능해집니다. 진정한 재무 설계는 바로 손가락에

만 매달려 있는 시선을 하늘로 옮겨줌으로써 인생의 참다운 행복을
설계하도록 안내하는 스토리입니다."

지킴으로써 얻은 것들

    지킴을 강조하는 데 있어서 소개하고 싶은 사연이 있다. 2년간 재무상담을 받아온 K 씨의 사연이다. K 씨는 설레는 표정으로 다음 달에 1,300만 원의 성과급을 받는다고 했다. 이제 곧 해외 파견을 나가는데 파견 기간 월 급여가 15만 원 더 오르고 추가로 약 150만 원 정도 더 들어올 것이라고 한다. 건강이 좋지 않은 아버지를 위해 1,300만 원 중에 300만 원을 따로 떼어서 가족 여행을 가기로 했다. 그리고 매년 가족 여행을 하고 싶다는 게 그녀의 바람이다. 약간의 돈으로 주식투자도 해보고 싶다고도 했다. 이런 변화를 어떻게 활용해야 하는지 종합적인 솔루션을 새로 구성해 달라는 게 그녀의 요청이었다.

    그녀는 직장 생활을 하며 알뜰살뜰하게 3천만 원을 모았다. 게다가 몸이 아픈 아버지를 도왔으니 참으로 대견한 여성이다. 지난 2년 동안 여섯 번 정도의 상담을 받았는데 이 과정을 통해서 그녀가 얻은 것은 무엇일까?

K 씨는 제일 먼저 안정감을 얻었다. 많은 이들이 직장생활을 해도 돈을 잘 모으지 못한다. 그런데 K 씨는 돈을 어떻게 모으는지 그리고 어떻게 저축하고 소비하는지 배움으로써 안정감과 만족감을 얻었다. 직장생활 초기부터 자신만의 분명한 기준을 세운 것이다.

그렇다고 무조건 돈을 안 쓰고 모으기만 한 것은 아니다. 크고 작은 즐거움을 충분히 누리며 돈을 모았다. 기준을 마련하고 그에 따라 움직이면 돈이 모아진다. 돈이 모아지는 것보다 더 중요한 것이 안정감이다. 안정감을 경험하는 것은 인생에서 중요한 의미가 있다. 스물여덟의 여성이 긴 인생을 살며 맞닥뜨릴 지뢰는 수십 개가 넘는다. 살다 보면 누구나 한두 번쯤은 함정에 빠지기 마련이다.

그런데 똑같이 함정에 빠지더라도 안정감을 경험한 사람과 그렇지 않은 사람은 결과가 다르다. 높은 수준의 안정감을 경험한 사람은 어떻게 돌아가야 하는지 알고 있다. 연어가 고향으로 돌아가듯이 말이다. 일시적으로 힘들어지더라도 다시 어떤 상태로 돌아가야 하는지 알고 실행한다. 이를 '회복탄력성'이라고 부른다. 2년간의 재무상담이 K 씨에게 좋은 나침반이 되어줄 것이다.

　다음으로는 투자에 관한 바른 원칙을 얻었다. 많은 사람이 돈이 조금 모이면 투자에 쏟아 붓는 실수를 저지르곤 한다. 빨리 돈을 모으고 싶어 욕심을 내는 것이다. 만약 K 씨가 모은 3천만 원의 정체를 일부 부도덕한 투자 상담사들이 알았다면 어떻게 됐을까? 그들은 투자 욕구를 최대한 자극해서 가진 돈 전부를 투자에 올인하게 만들고, 심지어 대출까지 해주며 투자하라고 부추겼을지도 모른다.

　필자는 K 씨에게 백만 원 남짓한 적은 돈으로 장기 투자를 해보라고 조언했다. 투자의 수익성이 주는 위험과 수익이 나더라도 그것이 어떻게 인생을 험난하게 하는지에 대해서도 충분히 설명했다. 돈을 지킬 수 있는 방법을 알려준 것이다.

　많은 사람이 지금 가진 돈을 지키지 못한다. 쉽게 돈을 벌 수 있다는 유혹에 흔들리기 때문이다. 투자해서 돈을 벌려면 곧바로 가진 돈 전부를 투자에 올인한다. 그리고는 고통의 길로 들어선다. 이런 일로 인생의 위기를 맞는 이들을 필자는 수도 없이 보아왔다. 생각이 바른 재무상담사라면 이런 위험으로 고객을 끌고 들어가서는 안 된다. 또 투자에 집중하여 현재의 안정감을 망가뜨리지 않고 직업과 생활, 그리고 관계를 소중하게 지켜갈 수 있도록 도와야 한다.

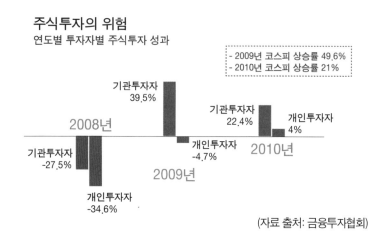

주식투자의 위험
연도별 투자자별 주식투자 성과

- 2009년 코스피 상승률 49.6%
- 2010년 코스피 상승률 21%

기관투자자
39.5%

2008년

기관투자자
22.4%

개인투자자
4%

기관투자자
-27.5%

개인투자자
-4.7%

2010년

2009년

개인투자자
-34.6%

(자료 출처: 금융투자협회)

위의 자료는 개인 투자자들이 어떤 상황에 처해 있는지를 극명하게 보여 준다. 시장이 좋을 때도, 시장이 나쁠 때도 개인 투자자는 손실을 보거나 미미한 수익을 얻는데 그친다. 위의 도표를 보고도 주식 투자를 하겠는가? 인생에는 투자 수익보다 중요한 것이 있다. 직업인으로서, 생활인으로서의 존재감을 유지하는 것이다. 하루를 열심히 살고 직업을 통해서 존재감과 성취를 얻어야 한다. 자식으로서, 아버지로서, 회사 내 구성원으로서 좋은 관계를 맺고 맡은 바 역할을 충실히 하는 것이 투자에 올인하는 것보다 훨씬 가치 있고 의미 있는 일이다.

2년간 재무상담을 통해 얻은 배움으로 K 씨는 위험에서 스스로를 보호할 힘이 생겼다. 그리고 어렵게 모은 자신의 돈이 삶을 윤택하게 만드는 방법을 배웠다. 그리고 삶에 있어서 가장 우선 고려해야 할 것이 안정감이란 사실도 배웠다. 조금은 심심할 정도로 안정감을 갖는 것이 우리를 더 행복하게 이끌어 준다.

미래의 현금 흐름을 예측하라

  일반적으로 보험 상품의 5년 유지율은 42%, 7년 유지율은 35%다. 적금의 3년 유지율은 29%이고 5년 유지율은 11%에 그친다. 금융상품의 유지율이 이토록 낮은 것은 현금 흐름을 무시한 채 가입했기 때문이다.

  현금 흐름은 우리가 금융상품에 가입할 때 반드시 고려해야 할 중요한 요소다. 보험은 물론 예적금도 해약하면 손해를 많이 본다. 예적금에 가입할 때 대다수의 사람들이 만기 때 받을 수 있는 이자를 가장 먼저 살펴본다. 하지만 결과는 어떤가. 유지율은 놀라울 정도로 낮다. 5년간 유지하는 사람의 비율이 고작 11%다. 금융상품을 유지하지 못하고 무너지는 것은 미래의 현금 흐름을 잘못 예측했기 때문이다.

왜 이런 일이 벌어지는가? 금융회사는 소비자의 현금 흐름보다 건강에 대한 두려움, 죽음에 대한 두려움, 노후에 대한 두려움을 정교하게 자극하고 과도하게 조장한다. 그리고 자신들의 상품을 판매할 판매자에게 엄청난 수수료를 지급한다. 한쪽은 바람 잡고, 다른 한쪽은 주머니를 터는 구조다. 금융업은 소비자의 일방적인 손해를 전제로 유지되는 시장이다. 저항감 없이 가급적 많은 수익을 털어내는 것이 이 시스템의 핵심이다. 이들은 아침마다 고객의 주머니를 털어내는 훈련을 반복적으로 받는다. 모여서 성공한 사례를 공유하고 성공한 사람을 부러워하게 하고 조회를 하면서 전의를 다진다.

이렇게 조직적으로 움직이는데 개별화된 소비자들이 어찌 당해내겠는가? 인연과 연고를 통해 접근하거나 취득한 나의 세세한 정보로 중무장한 판매자들 앞에서 금융 소비자는 나약하기만 하다. 결국 본인의 현금 흐름을 감안하지 않고 금융상품에 가입했다가 해약한다. 왜 해약을 하는가? 생활하다 보면 현금 흐름이 꼬이는 경우가 종종 발생하고 목돈 들어가는 일도 생긴다. 그래서 울며 겨자 먹기로 해약을 한다.

그러므로 금융상품에 가입할 때 제일 먼저 해야 할 일은 미래의 현금 흐름을 예측하는 것이다. 이자율 확인은 그 다음이다. 큰 돈 들어갈 일이 있을 것인지, 수입에 변화가 생길지 이런 점들을 10년 이상 내다보고 가입해야 한다.

이는 비단 금융상품만이 아니라 모든 지출에 해당되는 사항이다.

시간을 내서 수입과 지출을 계산해 보면 자신의 현금 흐름은 얼마든지 파악할 수 있다. 무리가 간다 싶은 상품에는 가입하지 않아야 한다. 금융상품을 영업하는 사람들은 언제나 당신의 주머닛돈을 가져오도록 교육받는다. 그들은 당신의 주머니를 지켜줄 사람이 아니라는 사실을 명심하라.

보험 상품을 최소화하라

　반가운 안부전화 대신에 불청객으로부터 걸려오는 전화가 너무 많다. 가장 많은 것이 대출 권유, 지인들의 보험 가입 권유, 그리고 휴대전화를 바꾸라는 전화다. 이 중에서도 보험 상품은 말도 많고 탈도 많다.

　사실 세계 어느 나라를 봐도 우리나라 사람들처럼 보험가입율이 높고 보험료가 비싼 나라가 없다. 종신 보험료는 비싸도 너무 비싸다. 경험 생명표의 차이로 인해서 미국 사람과 한국 사람의 보험료 차이가 두 배에 가깝다고 한다. 미국 사람과 한국 사람의 생명 기간이 그리 차이가 나는지 의문이다.

　일정 시점까지 사망을 보장하는 정기 보험료 역시 다른 나라와 비교하면 훨씬 높다. 국민 모두가 호갱이다. 30대 혹은 40대 가장에게 필요한 보험은 실손보험이고 조금 더 여유가 있다면 정기보험 정도만 들어 놓으면 충분하다. 보험에 가입하는 것 말고도 돈 쓸 일은 많다. 노후 준비도 보험이나 연금 가입이 전부가 아니다. 그것 말고도 방법이 많다.

그래도 보험에 가입하고자 한다면 아래의 내용부터 참고하라.

1. 사망, 암, 뇌혈관 질환과 심장 질환으로 인한 후유 장애. 이렇게 세 가지 치명적인 위험 위주로 보험을 설계하라. 이외에 자잘한 위험까지 다 보장받으려는 욕심은 가정을 궁핍하게 만든다.

보험 가입의 조건

치명적 위험 + 일반적 ~~위험~~

치명적 위험
1. 사망 2. 암, 뇌혈관 질환, 심장혈관 질환 3. 후유장해

2. 안정적인 현금 흐름을 벗어나지 않는 범위 안에서 설계하라.

3. 자신의 경제 상황을 응급/주의/보통/여유로 구분해 보고 어디에 해당되는지 생각하고 상품을 선택하라.

4. 사업비를 적게 떼는 상품으로 가입하라. 보험회사에서 얼마의 사업비를 떼가는지는 금융감독원 자료실에서 확인할 수 있다. 다음의 표는 암

사업비를 적게 떼는 상품

암보험 보험료 지수

A사	B사	C사	D사	E사	F사
180,2	143,8	136,0	147,3	134,9	137,7

출처 : 생명보험협회, 손해보험협회

보험 보험료 지수다. 100을 기준으로 했을 때, 높은 수치가 수수료를 떼는 비중이 높다.

간혹 저렴한 보험료로 여러 가지 위험을 보장해 주는 상품들이 있다. 단돈 일만 원으로 운전자 보장은 물론 화재 배상 책임까지 해결할 수 있는 보험 상품이 여기에 해당된다. 하지만 이런 좋은 상품은 고객에게 잘 전달되지 않는다. 판매자에게 돈이 되지 않기 때문이다.

노후
적금
교육
보험

Tip. 보험 가입 시 기억해야 할 것

- 보험설계사는 공포를 키우는 기술로 상품 파는 법을 매일 훈련 받는 사람들이다.
- 그들 대부분은 여러분이 필요로 하는 보험을 가장 비싸게 판다.
- 여러분을 과도한 보험 상품을 가입시켜 현금 흐름을 무너트린다.
- 보험사가 만드는 과도한 공포에 당하지 말라. 부모님 세대는 보험 없이도 잘 살았다.
- 가족 수입 대비 8~10%가 보험료로 나간다면 그것은 보험사들이 만들어낸 과장이다. 한 사람 수입의 8%를 넘지 않아야 한다.

수익률보다 중요한 것

　　재무상담은 상담의 주체가 누구인가에 따라서 그 결과가 크게 달라진다. 카지노 금융에서 일하는 사람과 바른 재무상담사의 상담은 개념 자체가 다르다. 소비자의 돈을 바라보는 시각도 180도 다르다. 만약에 의뢰인에게 5천만 원이 있다고 가정하자.

　　은행 : 요즘 같은 투자 시대에 누가 손해 보는 예금에 넣어 두나요?
　　증권사 : 앞으로 외환 투자와 채권 투자가 대세입니다.
　　보험사 : 세금을 안 내고 안정적인 수익을 낼 수 있는 상품에 투자하셔야 합니다.

카지노 금융권에서 일하는 상담사는 대략 이런 말들을 할 것이다. 이들이 생각하는 상담은 소비자의 주머닛돈을 자신에게로 끌어오는 것이다. 반면에 바른 상담사라면 의뢰인에게 질문할 것이다. 자녀 결혼 자금인지, 몇 년 후 주택 구입하려고 모은 돈인지, 돈의 성격부터 파악하려고 한다.

불행한 것은 우리 사회에는 바른 상담사들이 얼마 없다는 사실이다. 금융회사의 창구에 가서 금융 상품을 고르는데 돈의 성격을 묻고 가정의 현금 흐름에 맞게 상품을 추천하는 금융회사 종사자들이 얼마나 될 것 같은가? 얼마 되지 않는다. 대부분 여러분의 주머니를 터는 사람들이다. 그러므로 우리는 스스로를 지킬 궁리를 해야 한다. 지속가능한 가정 경제를 만들고 싶다면 내가 가진 돈의 성격부터 명확히 알아야 한다. 5천만 원이 큰아들 결혼시키는 데 들어갈 돈이라면 주식이나 펀드투자, 보험 상품에 가입해서는 안 된다.

원래 재무 설계란 재정적인 목표 달성이나 문제 해결 방안을 수립해 주는 과정을 의미한다. 위의 설명처럼 돈의 성격, 투자 가능한 시간, 상황 등 종합적인 진단 후 운영안을 수립해 주는 것도 포함한다. 바른 재무 설계는 모든 사람에게 필요하다. 바른 재무상담사라면 장가보낼 돈이라는 목적이 뚜렷하고, 시간도 얼마 남지 않은 돈을 부동산 같은 장기 종목에 투자하라고 권하지 않는다.

초등학생 아이에게 물어도 알 수 있는 상식적인 행위를 금융권 종사자들이 생략하고 소비자의 돈만 바라본다. 그저 돈만 벌면 된다는 탐욕에 눈이 어두워져서 그렇다. 카지노 금융이 만들어 놓은 금융인의 모습이다. 또한 단기간 결과만을 노리는 금융 소비자의 욕심도 이런 분위기를 부추기는 데 기여한다. 그들은 어떤 여건도 고려하지 않고 오직 수익성만 쫓는다.

그러나 바른 재무 설계는 나의 상황부터 진단한다. 그리고 그에 맞게 설계하고 마지막에 자산운용을 한다. 바른 재무 설계를 이해하면 가정 경제가 안정적이게 된다. 올바른 재무 설계와 상품 가입 권유의 차이를 이해한다면, 가정 경제의 절반은 성공한 셈이다. 저성장 시대에 자산운영을 함부로 입에 담지 말자. 패가망신하기 쉽다. 그렇다면 재무 설계는 투자하지 않고 알뜰하게 모으기만 하는 것이냐고 물을 것이다. 그렇지 않다. 멀리 보는 장기 계획을 세우고 기본을 튼튼히 하고 장기적인 현금 흐름이 망가지지 않는 범위 내에서 장기 상품을 선택할 수 있다.

충분히 여유 있는 자금이라고 판단되면 위험률이 조금 높더라도 그에 맞는 투자계획을 수립할 수 있다. 그러나 본질적으로 더 중요한 것은 수익률이 아니다. 재무 중심을 잡는 것이다. 돈과 생활에 대한 바른 관점을 잡는 것이 더 중요하다. 삶의 행복을 좌지우지하는 돈에 대한 바른 관점이 형성되어 있으면, 수익을 얻지 못해도 뭐가 그리 아쉬울까?

재무 중심보다 더 중요한 것은 삶의 중심을 잘 잡고 사는 것이다. 생활에 대한 분명한 기준과 삶의 목표에 대한 명확한 기준이 서 있으면 인생이 풍성해진다. 돈 좀 없는 것은 문제가 되지 않는다.

진단부터 하고 답을 찾자

가정 경제의 위기는 대부분, 더 잘해 보려는 욕심에서 시작된다. 더 잘해 보려다가 위기에 봉착한 B 씨가 올바른 진단으로 위기에서 벗어난 사례를 살펴보자.

이 가정은 돈 들어 갈 일이 많이 생기자, 아내가 작은 식당이라도 해서 가계에 보태려다가 문제가 발생했다.

"당신이 쓸데없이 일을 벌여서 우리가 이렇게 힘들게 된 것 아냐?"

B 씨는 이렇게 주장하며 아내를 몰아세웠다.

"당신이 제대로 벌어오면 내가 일할 생각을 했겠어?"

아내 역시 할 말이 없지 않았다. 남편은 아내 때문에 가정이 엉망이 됐다고 원망하고, 아내는 남편의 적은 수입 때문에 발생한 일이라고 남편을 탓했다.

처음 조금 되는 듯한 장사에, 무리하게 확장한 것이 화근이었다. 얼마 동안은 카드 돌려 막기를 하며 근근이 버텼으나 마침내 B 씨의 월급이 차압되기에 이르렀다. 중 3인 둘째 아들은 집안이 어려운데 공부는 해서 뭐 하냐며 진학을 포기하려 들었다. 공부 잘하는 형을 위해서 자신이 나서서 돈을 벌겠다는 것이다. 임대료는 물론 전기, 수도, 가스비까지 연체된 상태였다. 아이들 교통비도 제대로 주지 못하는 괴로운 상황이 계속 이어지자 남편이 상담을 요청한 것이다.

아내는 상담은 해서 뭐 하냐며 두 번이나 상담을 피했지만, 가장 마음고생이 심하고 괴로워하는 사람은 역시 부인이었다. 남편과 자녀들에 대한 미안함 때문에 죽고 싶다고 했다.

"어떤 상태면 행복하시겠습니까?"

"단 5만 원이라도 좋아요. 적금을 붓고 있으면 행복할 것 같아요."

단 5만 원도 저축하지 못하는 삶, 그 현실이 너무 절망스럽다고 했다.

이와 비슷한 처지에 놓인 사람들을 종종 만난다. 집안에 누군가 아프다거나, 혹은 가장이 실직을 했다거나, 보증금을 떼였다든가 원인은 다양하다. 위험에 대한 대비도 없는데 갑자기 일이 발생하면 가정은 순식간에 무너진다. 문제가 발생한 후에도 금융 정보에 어둡거나 어떻게 해결해야 할지 몰라 시간이 흐를수록 사태가 더욱 악화된다.

이렇게 가정 경제에 문제가 생겼을 때 먼저 무엇부터 해야 할까? 바로 올바른 진단이다. 경제적으로 여유가 있든, 빚더미에 올라 있든, 어떤 경우든 진단이 먼저다. 이 진단에 따라서 우리 가정의 재무 상태가 응급 상황인지, 주의인지, 보통인지, 여유인지, 네 가지 중 하나로 분류된다. 응급은 말 그대로 당장 빚부터 갚아야 할 절박한 상황이다. 주의는 여러 가지 재무 문제가 있어 해결책이 반드시 필요한 상황이며, 보통은 여느 가정들과 같이 약간의 문제는 있지만 무난한 수준이고, 여유는 시급하게 해결할 문제가 없는 상태를 의미한다. 아래 질문에 답하며 지금 우리 가정의 상태를 진단해 보자.

- 평균 급여는 얼마인가?
- 비정기적으로 들어오는 상여금은 얼마인가?
- 필요한 생활비는 얼마인가?
- 빚이 얼마인가?
- 한 달 이자는 총 얼마인가?
- 어느 기관에서 돈을 빌렸는가?
- 가족이나 친척, 지인에게 빌린 돈은 얼마인가?
- 천천히 갚아도 되는 돈은 얼마인가?
- 주변에 도움을 청할 곳은 있는가, 있다면 어디인가?
- 약관 대출을 받을 수 있는가?
- 이 상태를 개선하기까지 아이들이 인내할 수 있는가?

- 위기극복에 대한 부부의 의지는 어느 정도인가?

진단을 했으면 시급한 문제부터 처리해야 한다. B 씨의 가정은 응급상황에 속했다. 하루라도 빨리 손을 써야 할 상황이었다. 우선 이자가 많이 나가는 카드빚부터 정리해야 했다. 활용할 수 있는 자원을 파악하고 정부 지원 제도까지 최대한 이용했다.

다행히 B 씨는 신용불량의 멍에를 벗었다. 단기 및 중 · 장기 포트폴리오를 구성해서 월 71만 원의 저축 계획도 마련했다. 가족 구성원의 소비 습관도 미래지향적으로 바뀌었다. 그러자 가족 모두가 좌절의 늪에서 빠져 나와 희망을 찾았고 생활의 안정감도 누릴 수 있었다.

경제적으로 극심한 스트레스를 받고 상담을 받아본 사람들은 재무 설계의 중요성을 뼈저리게 느낀다. 발목을 꽉 붙들고 있는 것만 같았던 근심의 족쇄를 더 이상 끌고 다니지 않아서 행복하다고 말한다. 실제로 재무 문제를 해결하면 여러 가지 걱정에서 벗어날 수 있다.

- 매달 저축하는 금액은 적당한지?
- 자녀 교육은 충분히 시킬 수 있을지?
- 자식이 결혼할 때 부모 역할을 제대로 할 수 있을지?
- 노후는 제대로 대비할 수 있을지?
- 가입한 보험이 뜻하지 않은 사고 때 제 역할을 할 수 있을지?

예를 들면 이런 문제로 더 이상 걱정하지 않아도 된다. 경제적 고통을 해결하는 방법도 다른 문제를 해결하는 방법과 크게 다르지 않다. 장기 계획을 세우면 걱정만 앞서지도 않고 불안에 떨 일도 없다. 바른 재무상담은 내부 개선을 통한 가정 경제를 건실하게 하며 동시에 인간관계까지 건실하게 만드는 데 도움이 된다. 제대로 된 재무상담은 생각보다 강한 힘을 발휘하고 가정 경제를 안정적인 방향으로 이끌어 준다.

소비중독에서 **빠져 나와라**

2011년 9월, 재무상담사 경력이 8년 이상 되는 사람 10명이 모여서 토론한 적이 있다. 토론 주제는 '우리의 고객들은 어떠한 상태인가?'였다. 필자는 늘 궁금했다. 우리 사회의 중산층 이상 중에 가정 경제가 정상적으로 운용되는 가정이 얼마나 될까? 여기서 정상이란 의미는 빚이 없거나 있어도 갚을 수 있는 수준이고 과소비 안하고 그럭저럭 저축하고 살아가는 가정을 뜻한다. 이런 가정은 열에 한 가정이라는 데 열 명 모두 동의했다. 중산층 열 가정 중 한 가정이 정상이고, 나머지는 수입보다 지출이 많아 항상 적자에 허덕이는 상황이라는 것이다.

그런데 수많은 가정이 돈뿐만 아니라 심리적으로도 대단히 위축

되어 있다. 그 원인이 무엇인지도 토론했다. 우리는 성공과 돈에 대한 잘못된 가치관이 좋은 공동체를 유지하는 가치들을 쓰러트렸고, 부채를 기반으로 하는 소비중독이 우리의 삶의 근거를 무너트린다는 데 결론을 같이 했다. 빚을 지거나 신용불량으로 괴로워하는 사람의 수는 우리가 막연하게 생각하는 것보다 훨씬 많다.

언제부터인가 심각한 사회문제로 대두된 거대 채무. 공룡처럼 거대한 빚을 키워낸 것은 다름 아닌 소비욕구다. 필자뿐 아니라 수많은 전문가가 "소비중독을 경계하라", "소비욕구를 절제하라"고 말하지만 소비중독은 점점 더 강력하게 우리 사회를 옭아매고 결국은 더 이상 버티지 못할 한계까지 우리를 몰고 갔다.

그 이유는 무엇일까? 우리는 왜 절제하지 못하고 소비하는 것일까. 일차적인 원인은 소비할 수밖에 없게 만드는 환경에 있다. 옛날 같으면 엄두도 내지 못했을 값비싼 외제차를 이제는 심심찮게 볼 수 있다. 장기 할부로 장만하려고 들면 못 살 수준이 아니기 때문이다. 이렇게 고가의 차를 할부로 사놓고 생활이 안돼서 괴로워하는 샐러리맨들이 넘쳐난다. 우리 부모 세대가 30년 저축해서 누린 것들을 당장 누릴 수 있도록 카지노 시스템이 구축되어 있다.

금융회사는 좀 더 크고 넓은 집을 살 수 있도록 사람들의 욕망에 부채질을 했다. 사교육 시장은 자신의 아이를 남들보다 번듯하게 키우고 싶은 욕망을 있는 대로 키워 놓았다. 온라인, 잡지, 텔레비전, 심지어는 버스나 지하철에서도 우리는 '소비하라'는 명령을 듣는다. 소비하지 말라, 절제하라는 말은 한 마디도 없다.

이차적인 원인은 우리 개개인에게 있다. 사실 소비욕구는 그렇게 만만한 것이 아니다. 일반인이 그런 자극을 적절히 제어하면서 빚 없이 살고 노후 준비까지 해내기란 쉽지 않다. 소비욕구는 절제하고 절제해도 어느 순간 절제선을 무너트리고 더 큰 욕망이 그 자리를 차지하게 한다.

행동경제학자들은 소비에 대한 사람들의 의식을 두 가지로 나누었다. 그들은 소비에 있어서 우리의 자아를 '계획하는 자아'와 '행동하는 자아'로 나눈다. 그렇다면 계획하는 자아와 행동하는 자아는 어떻게 다른가. 예를 들면 체중조절을 위해 저녁 7시 이후로는 아무것도 먹지 않으려고 하는 것은 계획하는 자아다. 그리고 배고픔을 참지 못하고 10시에 야식을 배달시켜 먹는 것은 행동하는 자아다. 행동이 계획을 따라가고 욕망에 휘둘리지 않아야 비로소 절제가 가능하다. 절제는 두 자아가 끊임없이 싸우는 전쟁이나 마찬가지다.

그런데 사회가 자꾸만 행동하는 자아를 자극한다. 맛있는 음식을 계속 보여 주고, 음식 냄새를 풍기고, 다른 사람이 맛있게 먹는 모습을 보여 주면 어느 누군들 먹고 싶다는 생각을 하게 된다. 소비사회에서 욕망을 조절하기란 쉽지 않다.

따라서 소비중독에서 벗어나는 첫 단계는 바로 욕구 조절이다. 경제심리학자 댄 에리얼리의 말에 귀를 기울여 보자. 왜 우리가 욕구를 조절해야 하는지 납득할 수 있을 것이다.

"우리는 스스로가 쾌락에 얼마나 빠르게 적응하는지 모른 채 계속해서 뭔가를 구입한다. 새로운 상품이 자신을 더욱 행복하게 만들어줄 거라는 기대를 가지고 말이다."

앞으로는 소비를 앞두고 기대감이 뭉게뭉게 피어오를 때는 잠시 멈추고 냉정하게 생각해 보자.

'전에도 기대를 잔뜩 안고 비싼 물건을 샀다가 실망하지 않았던가?'

'작년에 12개월 할부로 샀던 그 옷은 어떻게 됐지?'

'당장은 즐겁지만 나중에 후회하지 않을까?'

이렇게 숙고하는 시간이 길어지면 계획하는 자아의 뜻대로 행동하는 자아가 따라갈 확률이 높아진다.

소비중독에 속수무책으로 빠져들면 고통의 흐름에서 빠져 나올 수 없다. 악순환의 흐름은 끝이 없다.

자기 중심을 잡고 삶의 주인이 되지 않으면 벗어날 수 없다. 더 값비싼 핸드백이 삶의 주인이거나 명품 외제차가 삶의 주인이 되어서는 안 된다. 남과 비교하지 말고 내면을 잘 다듬을 수 있어야 한다. 내면의 마음을 잘 다듬는다는 것은 마음을 편안하게 갖는 것을 의미한다. 겉모습의 화려함을 추구하지 말고 우리 내면의 아름다움을 되찾는 것이 마음을 다듬는 일이다. 멋진 승용차와 멋진 핸드백이 자신을 행복하게 하지 않는다.

안정적인 가정은 대부분 검소한 생활습관을 가지고 절약한다. 소비에 대한 자기 중심이 뚜렷하고 쓸 것과 안 쓸 것을 구분할 줄 안다. 돈이 안 모아지고 힘들다고 더 벌어서 해결하려고 하면 십중팔구 곤란한 상황에 직면한다. 지출과 저축의 경계선을 만들어 놓고 이를 지키며 꾸준히 모아 나가는 것이 핵심이다.

바른 재무상담사를 두어라

　재무 상담을 받는 것은 대단히 중요한 일이다. 그리고 이보다 더 중요한 것은 바른 상담사를 만나는 것이다. 좋은 상담사를 만나 상담받은 사람과 상담받지 않은 사람의 미래는 확연히 다르다. 사회에 첫발을 내딛는 출발선에 있을 때는 누구나 처지가 비슷하다. 그러나 시간이 지나면 격차가 벌어지기 시작한다. 누구는 점점 더 알차게 살고, 누구는 점점 더 궁핍하게 된다. 따라서 사회생활을 시작할 때 자산 관리하는 법을 배우는 것이 굉장히 중요하다. 백 번을 강조해도 지나침이 없는 말이다. 무슨 일이든 처음 시작할 때 정비를 잘해 놓으면 나중에 편해진다. 사회 초년생 때 재무 계획과 목표, 그리고 행동 원칙을 정해두자.

　첫 월급을 받고 처음으로 재무 상담을 받는 것이 부모님께 선물을 사 드리는 것보다 중요하다. 이때를 계획성 있게 시작하면 모든 것이 순조로울 수 있다. 학자금 대출도 갚을 수 있고 스스로의 힘으로 전세자금 마련도, 결혼자금 마련도 수월하게 할 수 있다. 만약에 개념 없이 돈을 쓰면서 계획 없이 2~3년쯤 산다면? 이는 경제적으로 쉽지 않은 길로 들어섰다고 보면 된다.

사회인이 되자마자 마이너스 통장을 사용하고, 신용카드를 돌려쓰는 버릇부터 배웠다면 앞으로의 인생이 고달파질 확률은 높아진다. 이 경우에 해당되는 사람은 가급적 빨리, 생애주기에 맞는 재무 계획을 수립하고 수입과 지출을 관리하는 방법부터 배우길 바란다. 당신을 위해서도, 미래의 당신 가족을 위해서도, 건실한 국가경제를 위해서도, 재무상담을 꼭 받도록 하자.

배우자를 잘 만나야 일생이 행복하듯, 재무상담사를 잘 만나야 가정 경제가 탄탄하게 유지된다. 상담사를 찾을 때 연봉을 많이 받는 유명 상담사의 도움을 받으려고 해서는 안 된다. 혹시 보험용어인 MDRT와 COT를 들어본 적이 있는가? MDRT(Million Dollar Round Table)란 생명보험 판매 분야에서 명예의 전당으로 일컬어지는 세계적인 협회다. 연간 일정 수준 이상의 영업 실적 기준을 통과한 설계사만이 회원 자격을 얻을 수 있다.

COT(Court of the Table)는 MDRT 영업실적의 3배, TOT(Top of the Table)는 MDRT 영업실적의 6배를 달성한 설계사에게 부여되는 자격이다. 이런 용어가 있다는 사실만으로도 보험설계사들의 세계가 얼마나 경쟁적이고 실적 위주로 돌아가는지 알 수 있다. 돈을 많이 버는 사람이 좋은 상담사를 의미 하는 것은 결코 아니다.

금융환경이 복잡해진 지금, 나를 위해 정직하고 바른 정보를 제공할 상담사를 만나면 훨씬 안정적인 미래를 준비할 수 있다. 좋은 상담사를 만나면 미래가 밝아지고 상담을 의뢰한 사람의 재정 상황은 안정적이고 편안해질 것이다. 이쯤에서 바른 재무상담사의 기준에 대해 생각해 보자.

1) 재무 상황을 진단하는가?

재무상담사라면 기본적으로 엑셀 프로그램을 사용할 줄 알아야 한다. 숙달된 상담사도 의뢰인의 재정 상황을 파악하기 위해서는 대략 한두 시간이 걸린다. 이것도 사전에 수입과 지출 현황, 자산에 관한 기초 서류를 준비했을 경우에 그렇다.

만약에 보험증권과 가입한 금융상품 정보만 준비하라는 상담사를 만났다면, 그는 당신의 주머니를 털 목적으로 접근하는 사람이며 상품 가입을 목적으로 상담하려는 의도가 높다. 바른 생각을 가진 상담사는 상품 위주의 상담을 하지 않는다. 그들은 지출 규모와 씀씀이를 파악하기 위한 진단지를 작성하는 데 최소 한 시간 이상 할애한다.

당신의 재무 상황을 진단한 이후 노후 준비만을 지나치게 강조하며 겁을 주는 상담사도 믿을 만한 사람이 아니다. 또 가장이 사망할 때의 어려움만 지나치게 강조하는 사람 역시 재무상담 역량이 부족하거나 여러분의 주머닛돈에만 관심이 있는 사람이다. 상품 추천

이전에 수입과 지출, 재정적인 문제, 부채 문제, 소비습관의 문제, 소비와 생활에 대한 관점의 문제를 진단하고 조언하는 사람이 바른 재무상담사다.

2) 자격증을 확인하라.

보험설계사 자격은 쉽게 취득할 수 있다. 그러므로 최소한 FP(Financial Planner)협회에서 발행한 AFPK(Associate Financial Planner Korea), CFP 자격을 취득했는지 확인할 필요가 있다. 영업에만 달인인 재무설계사들은 너무 바빠서 고객을 위해 공부할 시간이 없다. 고객을 위해 공부를 한 사람인지, 아닌지는 자격증으로 판단하라. 그러면 금융 펙치기들을 그나마 걸러낼 수 있다.

가끔 자격증이 없어도 소속된 조직의 문화가 훌륭한 경우도 있다. 홈페이지를 방문해서 어떤 회사인지 분위기를 알아보면 된다. 또 공부를 많이 해야 취득할 수 있는 자격증이 있고 대충해도 취득할 수 있는 자격증이 있다. 기왕이면 열심히 공부해야 취득할 수 있는 자격증을 소지한 상담사가 좋겠다.

3) 현금 흐름을 중심에 놓고 상담하는가?

올바른 재무설계사는 장기적인 현금 흐름을 존중한다. 즉 무리한 액수의 금융상품에 가입할 것을 권유하지 않는다. 예를 들어 어떤 사람이 혼자 살고 있으며 수입도 300만 원쯤 되면 당장은 여유 있어 보인다. 그러나 시간이 지나면 어떻게 될지 모른다. 수입도 늘겠지만 결혼하고 아이들이 커가면서 지출 요소가 커지면 힘들게 유지한 적금이나 펀드, 보험 상품을 해약하게 된다. 그래서 장기 흐름을 보고 이를 방해 하지 않는 범위 내에서 목적 자금을 설계할 능력 있는 상담사를 만나야 한다.

의뢰인의 현재 재무상태와 미래 계획을 아주 구체적으로 꼼꼼히 파악하지 않고 특정 부분만 강조하면 곤란하다. 상품만을 권유하는 사람이라면 조심해야 한다. 장시간 무리 없이 실천할 수 있는 범위 내에서 실행 방안을 수립해 주는 상담사여야 한다. 무리한 실행 방안은 가정 경제를 무너뜨릴 수 있다.

4) 윤리의식이 있는가?

보험사, 증권사, 은행 등 금융회사에서 일하는 사람들은 금융회사가 만들어 놓은 수익의 논리에 깊게 세뇌되어 있다. 그 논리의 핵심은 바로 '돈을 많이 벌 수 있다' 는 것이다. 대출, 증권, 보험 할 것 없이 돈을 많이 벌 수 있다는 전제 하에 영업을 시작한다.

많이 판매 하는 사람에게 박수를 보내고 많이 번 성공 신화를 만들어낸다. 그리고 그들을 영웅으로 떠받든다. 급여 200만 원인 사람에게 100만 원짜리 보험 상품을 파는 행동을 칭찬하고 계약해 오면 모두 박수를 쳐준다. 성공만을 외치며 속전속결로 고객의 돈을 챙겨 오는 것이 성공의 모델이다. 양심이라고는 없다. 이 문화와 논리에 빠져 3년 정도 일하면 개선이 불가능할 정도로 이상한 사람이된다. 양심, 윤리, 도덕, 상식은 사라지고 자신의 주머니를 채우는 것과 상품을 파는 것에만 감각이 발달한다.

인터넷에서 무료로 재무상담을 해주겠다고 하면서 고객을 모으는 기업형 조직을 본 적이 있다. 이들은 한 달에 몇 천 명의 고객을 모아서 금융상품을 팔고 싶어 하는 사람들에게 개인정보를 건 당 몇 만 원씩 받고 판다. 인터넷에서 쉽게 볼 수 있는 블로그들, 즉 내용은 없고 그렇고 그런 이야기를 나열한 콘텐츠가 전부 한 몸통이라고 보면 틀림없다. 이는 명백한 사기행위다. 무료 재무상담을 광고하는 상당수의 콘텐츠가 여기에 해당된다. 이들은 수십 명의 아르바이트를 고용해서 조직적으로 정보와 노출 순위를 조작한다. 지금도 호시탐탐 누군가의 주머니를 털어 낼 궁리를 한다. 조금이라도 이상하면 조심하는 것이 좋다.

이런 환경을 조장하는 근본 뿌리는 금융회사들이고 이들 역시 카지노 금융의 속성을 그대로 가지고 있다. 최근 몇몇 외국계 보험회사들이 덩치를 키워 매각하려고 벌이는 행태를 보면 막장 드라마를 보는 것 같다. 보험설계사들에게 엄청난 액수의 돈을 풀어댄다. 고객을 위한 상품이 아니라 소속 설계사들의 수입에 철저히 유리한 상품을 드러내 놓고 판매한다. 조직적인 범죄에 버금가는 행동이다. 이들을 보면 윤리도 도덕도 없다는 생각이 든다. 결국 그 피해는 고스란히 고객들이 떠안게 된다. 이런 조직에서 영업하는 사람들도 결국은 피해자다. 회사를 소유한 자들이 수익을 내기 위한 일에만 혈안이 돼서 움직이니 소속된 사람들 대부분이 그대로 따라 하는 것이다.

모든 금융인이 이 상태는 아니지만 상당수가 이런 상태임을 부정할 수 없다. 이런 환경에서 금융 소비자가 재산을 지키고 건사하는 것은 쉽지 않다. 우리나라 금융 상품 가입의 대부분은 연고에 의해서 팔린다. 아는 사람이 찾아오면 거절하기도 쉽지 않다. 금융회사는 이런 점을 철저히 이용한다. 지인이 상품 가입을 부탁하면 거절하기가 쉽지 않다. 상품 가입을 권유한 지인도 결국은 피해자가 된다. 소비자의 지혜로운 판단이 필요하다.

남성들이여, 아내의 말을 듣자

결혼하고 신혼 2~3년 동안은 가정 경제를 키우는 데 있어서 매우 중요한 시기다. 아직 아이가 없고 부부가 같이 벌기에 종잣돈을 모을 수 있는 최고 적기이기 때문이다. 이 시기를 잘 활용하면 재정 목표를 달성하는 것이 수월하다. 반대로 이 시기를 그냥 흘려보내면 목돈 모으는 것이 어렵다. 각각의 수입을 한곳에 집중해서 관리하고 함께 이룰 목표도 정하는 것이 좋다.

신혼 초 맞벌이 하는 가정을 보면 외식비, 교통비, 피복비로 결혼 전보다 두 배 정도의 돈을 사용한다. 결혼 전보다 두 배를 번다고 생각하니 지출에 대한 각성이나 경계심이 느슨해진 것이다. 게다가 '나 말고 배우자가 아껴서 잘하겠지' 하는 막연한 기대감까지 더해져 외벌이의 수입에 비해 모이는 돈은 상대적으로 그리 많지 않다.

따라서 신혼 초 부부의 수입을 한곳에 모아서 공동으로 관리하는 것이 중요하다. 공동으로 가계부를 쓰고 집안 대소사를 어떻게 할 것인지 함께 상의해서 해결하면 돈을 빠르게 모을 수 있다. 신혼부부의 가정 경제가 순탄하게 흘러가려면 반드시 수입과 지출을 통합해서 관리해야 한다.

결혼 비용을 대출받아서 썼다가 이것이 화근이 되는 경우도 종종 있다. 그래서 신혼 초 부부 상담은 더 중요하다. 결혼해서 부부가 되었으면 정보를 공유하고 어려움을 적극적으로 나누어야 한다. 혼자 사는 외로움 대신 둘이 사는 불편함을 선택했으면 그 불편함을 이해하고 서로 감쌀 수 있어야 한다. 설령 배우자가 빚을 졌더라도 이해하려고 애써야 한다. '저 사람이 나와 결혼하려고 빚을 졌구나', '저 사람이 나를 이렇게 소중하게 생각하는구나'라고 생각하고 부채를 함께 해결해 나가는 자세가 필요하다. 건강한 가정 경제의 출발은 수입과 지출을 하나로 묶는 것에서 시작한다.

이렇게 신혼 때부터 가정 경제를 튼튼하게 설계하면 좋겠지만 안타깝게도 많은 가정이 부실한 기초 위에 집을 올린다. 그러다가 몇 년 못 가서 가정 경제가 무너지면 제일 먼저 부부관계가 삐거덕거린다. 부부관계가 악화되면 합심은커녕 분열만 심해지고 회복이 불가능할 수도 있다. 가정 경제가 더 큰 문제에 빠지면 부부 사이는 더욱 악화된다. 악순환에 빠지는 것이다.

그런데 많은 가정을 상담해 보면 아내보다 남편에게 문제가 많다. 물론 아내의 잘못으로 위기에 빠지는 가정도 있다. 그런데 보통 아내는 미래와 자식을 생각해서 지출을 줄이려고 애쓴다. 그런데 남편은 뭐가 더 중요한지, 지금 무엇부터 해야 하는지 모른다. 돈 쓰고 과시하는 것을 너무 좋아한다. 큰돈을 덜컥 써버리기도 하고 말도 안 되는 곳에 투자하면서 일확천금을 꿈꾸기도 한다. 돈 벌겠다고 사고치는 쪽은 대부분 남편이다.

이런 상황을 지켜보다 못한 아내가 재무상담을 신청한다. 그러면 남편은 거의 화를 내거나 거부한다. 뭐하러 남의 말을 듣느냐는 것이다. 전문가가 해주는 조언도 귀담아 들으려고 하지 않는다. 그만큼 남자들이 독선적이다. 아내의 간곡한 권유로 상담을 받으러 와도 무척 비협조적이다.

"그렇게만 하면 부자 됩니까? 확실합니까?"

이렇게 삐딱한 태도로 상담에 임하는 사람들도 여성보다 남성이 압도적으로 많다.

이런 분들에게 필자는 말한다.

"제발 아내분 말 좀 들으십시오."

아내가 아끼는 대로 아끼고 저축하는 대로 저축하면 가정 경제를 지킬 수 있다. 큰돈 날릴 일도 없다. 그런데 남자들은 이게 잘 안 된다.

돈 관리를 남편이 하는 것보다 아내가 해야 재산을 더 많이 모은다는 설문조사 결과도 있다. 아내에게 모든 것을 맡기라는 것이 아니다. 돈을 관리할 때는 독단을 내려놓으라는 뜻이다. 아내와 상의하고 아내의 말을 무시하지 말고 존중하며 귀담아 들어야 한다. 그래야 집도 사고 돈도 모을 것 아닌가.

부부가 함께 재무상담을 몇 차례 받고 나면 처음에는 비협조적인 남편도 달라지기 시작한다.

"아, 이렇게 하면 우리 가정에 길이 보이는군요."

"내가 할 일이 뭔지 알겠어요."

남자들도 순순히 인정한다.

모두들 정신없이 바쁘게 살고 있다. 남자고 여자고 간에 위로받을 곳이 마땅치 않다. 직장생활도 점점 더 힘들어져 가고 교회를 다녀도, 절간에 다녀도 힘든 마음을 위로받기 쉽지 않다. 제일 소중한 것을 놓치게 된다. 부부 사이의 대화는 단절되고 아이들 크는 것도 보지 못하고 계절이 바뀌는 것도 느끼지 못한다. 미래에 대한 걱정과 지나간 일을 후회하느라 순간을 누리지 못하는 것이다. 점점 더 외롭고 힘들어진다. 이중 우리를 가장 곤란하게 하고 낙담하게 하는 것이 바로 돈이란 놈이다. 우리를 둘러싼 많은 문제가 이놈의 돈만 있으면 다 해결될 것 같다. 그런데 우리를 행복하게 하는 요소가 정말 돈일까?

포도재무설계의 재무상담사들은 정말 많은 사람을 만나서 재정상담을 했다. 수입이 적어서 불행하고 많이 벌고도 불행해 하는 것을 보면서 돈은 해결책이 아님을 알 수 있다. 무엇이 문제일까? 마음이다. 우리의 마음이 문제의 근원이다. 우리의 마음은 항상 욕심과 탐욕에 빠져 있다. 그리고 우리를 둘러싼 환경은 그런 우리 자신을 정화시킬 수 있는 여유를 주지 않는다. 뒤돌아볼 시간이 없다.

모두가 집단 최면에 걸린 채로 정신없이 살아간다.

상담을 진행하는 과정에서 재무상담사들은 고객의 주변 관계, 즉 부부관계, 자식과의 관계, 부모와의 관계, 동료와의 관계도 중요하게 고려한다. 가족 간의 관계가 엉망이면 돈을 모으는 일조차 쉽지 않다. 돈보다 중요한 것이 관계다. 결국 우리는 돈보다 사람 관계에서 행복을 느끼는 존재이기에 관계의 회복은 중요하다. 재무 설계를 제대로 하면 가족 관계를 회복이라는 선물이 주어진다. 돈 문제와 관계 문제를 따로 떼어놓지 말고 문제가 있다고 생각되면 하루라도 빨리 전문가의 도움을 받길 바란다.

003
어떻게 카지노 금융을
극복할 것인가?

자식에게 꼭 해 주어야 할 일

카지노 시대, 돈을 다루는 힘을 어릴 때부터 키워주는 것이 부모의 필수 과제다. 이것은 자녀를 좋은 대학에 보내는 것보다 더 중요한 일이다. 필자는 힘들게 상장한 기업을 무너트릴 정도로 심각한 도박에 빠진 사람, 이런저런 이유로 부채 규모가 아주 심각한 경리 담당 임원과 직원들을 만난 적이 있다. 부모가 평생 일군 재산을 탕진하는 2세들도 여럿 보았고, 최고의 교육을 받고도 망가지는 사람들도 많이 보았다. 어릴 때 돈에 대한 바른 가치관을 심어주고 절제하는 습관을 길러 주었다면 이런 일을 미연에 예방할 수 있었을 것이다.

우선 경제 교육을 어릴 때부터 시작하는 것이 중요하다. 초등학교에 들어갈 시점부터 주 단위의 용돈을 주는 것이 좋다. 그리고

4~5학년쯤 되면 월 단위의 용돈을 준다. 월급을 주듯 용돈을 주고 훈련시켜야 하며, 용돈 기입장을 쓰게 하면 아이에게 많은 도움이 된다. 용돈 기입장은 복잡할 필요가 없다. 지출 항목을 두 개로 나누고 잔액을 기록하면 된다. 기록할 항목을 총 세 개, '1. 꼭 쓸 곳에 쓴 돈 2. 안 써도 되는 곳에 쓴 돈 3. 잔액'으로 잡는다.

용돈 기입장을 열심히 쓰는 데만 그치면 안 된다. 일주일에 한 번, 30분 정도 지출 항목에 대해 아이와 눈을 맞추고 이야기 나누는 것이 반드시 필요하다. 이렇게만 해도 아이는 절제할 수 있는 힘을 키우게 된다. 아이가 정기적인 용돈 말고 부정기적으로 돈을 달라고 하면 어떻게 할 것인가?

돈이 필요한 이유를 들어보고 정당하지 않으면 반드시 냉정하게 거절해야 한다. 이때 부모 마음이 약해지면 안 된다. 정기적으로 받는 용돈 안에서 소비를 해결해야 한다는 것을 깨우치게 해야 한다. 달라고 할 때마다 돈을 받고 자란 아이는 돈에 대한 통제력이 없어서 경제적으로 힘든 생활을 할 가능성이 높다.

어릴 때 용돈 기입장을 통해서 지출에 관한 좋은 습관을 길러주면 아이의 경제적인 미래는 훨씬 밝아질 수 있다. 용돈 기입장은 지출 관리가 잘 안 되는 부모에게도 도움이 된다. 지금 여러분의 지출도 엉망이라면 가계부까지 갈 것도 없다. 여러분도 위와 같은 방식의 용돈 기입장을 작성해 보라. 그것만으로도 지출에 신중해질 수 있다.

미리 가정 경제를 경험하고 훈련받고 자란 아이들은 돈에 관한 미래를 스스로 책임질 가능성이 높다. 그리고 부모의 노후자금을 축낼 가능성도 많이 줄어들 것이다. 좋은 교육 혜택을 주는 것 못지않게 어릴 때부터 돈에 관한 바른 습관을 만들어 주는 것도 중요하다. 돈에 관한 올바른 습관을 길러 주는 것은 부모의 의무다. 나아가서 국가 경쟁력을 키우는 길이기도 하다.

꼴값 총량의 법칙

　수입의 상당량을 교육비로 쓰면서 애지중지 키운 아이가 성인이 되어 제 구실을 못한다면? 상담을 하다 보면 사랑스럽던 아이가 부모가 평생 짊어지고 가야 할 업보가 되는 경우를 심심찮게 목격한다. '꼴값 총량의 법칙'은 아이를 평생 짊어질 업보로 만들지 않기 위해 필요하다. 사람은 누구나 살면서 꼴값을 떠는데 그 총량이 정해져 있다는 것이다. 여기서 이야기하는 꼴값은 사춘기의 방황, 갈등, 좌절 등 사람이 일생을 살면서 겪는 성장통을 의미한다.

　그러면 꼴값 총량의 법칙이란 무엇인가. 우리에게는 청소년기에 당연히 겪어야 할 일들이 있다. 청소년기에 겪어야 할 일을 부모의 간섭으로 겪지 않고 넘어가면 어른이 된 후에라도 꼭 치르고 넘어간다는 의미 있는 농담이다.

필자는 제주도 여행을 자주 한다. 종종 그곳에서 만난 청년들의 고민을 들어줄 때가 있는데 놀랍게도 청소년 시절에 끝냈어야 할 인생의 고민이 주를 이룬다.

"전 솔직히 뭘 하고 싶은지, 꿈이 뭔지를 모르겠어요. 직장생활을 하고 있지만 이렇게 사는 것이 잘사는 건가 의문이 들고 답답합니다. 그냥 제주도로 내려올까 하는 생각도 합니다."

"내년이 졸업인데 제가 학과를 잘못 선택한 것 같아요."

"내년에 대학원을 졸업하면 부모님께 말씀 드려 다시 외국으로 공부하러 나가려고 합니다."

경쟁이 치열하고 실패를 허용하지 않는 사회 분위기가 청년들을 기죽이는 것을 필자도 잘 알고 있다. 그런데 한 가지 안타까운 점은, 요즘 청년들은 조금만 어려운 일을 만나면 피하려고 한다는 것이다. 극복하려는 힘이 없다. 맥없이 그 자리에 주저앉아 버리는 젊은 친구들이 많다. 부모의 과도한 간섭과 통제가 그 원인이다.

어려서부터 꼴값을 다 떨어본 사람은 인생의 방향을 안다. 여기서 말하는 꼴값이란 실패, 굴욕, 후회, 포기, 절망과 같은 요즘 청년들이 말하는 소위, '찌질하고 쿨하지 못한 모든 것'을 의미한다. 언뜻 보면 부정적인 것 같지만 이 꼴값이 굉장히 중요하다. 꼴값은 성공의 자양분이고 성공은 꼴값을 먹고 자라며 꼴값이 없으면 성공도 없다. 꼴값을 못 떨어본 사람은 인생의 방향을 모른다. 그래서 제주도에서 만난 청년에게 하루라도 빨리 꼴값을 떨어 보라고 권유했다.

"선생님 말씀대로 하면 정말 답을 알 수 있을까요?"

"일단 해봐요. 안 해보고 어떻게 알아? 안 되도 본전이지. 손해 볼 거 없잖아요? 겁부터 내면 어떻게 꼴값을 떨겠어요?"

부디 그가 지금이라도 꼴값을 다 떨어 보고 꿈을 찾기를 바란다.

부모는 자녀가 숨통을 트게 지켜봐 주는 것이 어떨까? 정성으로 키워 놓은 아이가 사회생활을 시작하자마자 살아온 인생을 후회하거나 방황한다면 안타깝지 않은가? 아이들이 꼴값을 떨면 큰일이 날 것 같지만 그렇지 않다. 이런 것을 지켜봐 주는 부모가 지혜로운 것이다.

어릴 때부터 청년기까지 부모의 과도한 간섭과 통제를 받고 자란 사람은 보호가 없어지는 순간, 홀로 서지 못한다. 어릴 때부터 아이들을 간섭하고 커서도 자식의 일거수일투족을 간섭하는 부모가 많다. 직장생활을 시작한 자식의 급여 통장을 관리하는 부모도 부지기수다. 내 아이는 아니지만 보고 있으면 걱정스럽다. 아이를 이렇게 키우면 나이 먹고도 등에 짊어지고 살아야 하는 운명이 기다린다. 자립심을 상실한 자식 때문에 고통스러운 업보가 확정되는 셈이다.

"어릴 때는 사랑으로 돌보고, 사춘기 때는 지켜봐 주고, 스무 살이 넘으면 남이라 생각하라."

국민 멘토인 법륜 스님의 말씀인데 새길수록 공감이 간다. 아이도, 부모도 행복하려면 스무 살 넘으면 남이라 생각하는 게 좋겠다.

돈 쓰는 사교육, 비중을 줄여라

　지금의 40대 후반은 대한민국에서 '공부 열심히 해서 덕을 본 마지막 세대' 다. 조금만 공부해도 좋은 직장에 들어갔고 덕분에 그럭저럭 여유 있게 살 수 있었다. 직접 경험한 바가 있기 때문에 이들은 자녀교육에 사활을 건다. 심지어 부부의 행복과 불행까지도 아이의 성적이 결정한다. 삶의 질이 형편없이 망가지는 것도 감수하며 자식 교육에 전부를 투자한다. 수입의 상당 부분을 쏟아 붓고 시간도, 부부의 관심도, 자식 교육을 위해서라면 기꺼이 희생한다.

　그러나 지금은 교육을 통한 사회적인 성공이 거의 불가능한 시대가 되었다. 투자 대비 효과가 미미하다. 효과가 미미한 것도 문제지만 더 심각한 문제는 과도한 교육비 지출이 가정의 행복을 파괴한다는 점이다. 소득의 대부분을 교육비로 지출하니 삶의 질이 현저히 떨어질 수밖에 없다.

지금이라도 형편 되는 만큼만 교육비에 투자하길 바란다. 수입이 500만 원인데 과외비로 200만 원씩을 쓰고 있다면 아이의 미래와 부부의 삶을 동시에 망치게 된다. 아이가 공부를 잘 한다고 부모의 미래를 망치면서까지 뒷바라지 하는 것은 집착이고 욕심이다. 집착하지 않는 범위에서 아이를 바라보는 게 어떨까. 자식 교육을 위해 부부가 떨어져 지내거나, 수입을 모두 사용하거나, 엄마의 모든 신경이 자녀 교육에 꽂혀 있다면 지금 사는 것도 불행하고 후에도 별로 행복하지 않을 것이다. 엄마, 아빠는 모든 것을 자식에게 투자하며 늙어 가는데 사랑스럽게 키운 아이들이 다 잘 풀리는 것은 아니다.

부모는 교육 문제를 냉정하게 바라볼 필요가 있다. 요즘은 좋은 교육을 받고 좋은 대학을 나와도 취업이 쉽지 않다. 그러므로 가정의 미래까지 망치면서 돈을 쏟아 부을 필요가 없다. 부모가 아이를 위해 돈을 많이 쓴다고 해서 아이가 잘 자랄 수 있을까? 그 역시도 미지수다. 자립심도 균형감도 없는 몸만 자란 아이가 될 가능성이 많다. 공부 잘하는 아이들 중에 이상한 행동을 하는 아이들이 점점 늘고 있다고 한다. 자라면서 부모의 잔소리와 집착 때문에 아이의 자존감이 상처받고 훼손됐을 가능성이 높다.

대학까지 졸업한 자식을 회사에 보내 놓고 부모는 자식의 일거수 일투족을 간섭한다. 아이를 따라 다니며 내려다본다고 해서 '헬리콥터 부모' 라고 부른다고 한다. 아이가 회사 면접을 보고 떨어지

면 엄마가 회사에 전화해서 떨어진 이유를 묻고 따지는 일도 있다. 자녀의 꿈, 미래, 취향, 생각, 인생관을 부모가 결정한다. 이게 도대체 무슨 짓인가. 이렇게 하면 자녀의 건강한 자아가 자리 잡을 수 없다. 다 자란 청년이 혼자서 미래를 결정하지 못하고 부모에게 의존하게 된다.

실제로 필자의 주변에 이런 일이 있었다. 아이가 공부를 잘 해서 특목고 수석에 서울대 합격에 성공하면서 부모가 상당히 기뻐했다. 그런데 그는 대학 2학년 때 자신이 선택한 학과가 자신의 적성에 맞지 않는다는 사실을 깨닫는다. 아이는 고민 끝에 재수를 결심했고, 부모의 뒷바라지는 다시 시작되었다.

재수 후에 명문대 경영학과를 졸업하고 대기업에 취업했다. 연봉 3,000만 원, 월급으로는 250만 원이다. 고용보험, 갑근세 등 이것저것 떼고 나면 그가 다녔던 학원비 수준도 안 되는 돈이다. 설상가상으로 남들처럼 돈 모을 생각은 아예 하지 못한다. 만족하지 못하고 다시 공부를 준비한다. 서른이 넘어서도 독립하지 못하고 학생처럼 살려고 한다. 성숙한 인격체가 되지 못하고 부모의 그늘에 안주하며 평생 부모의 속을 썩인다. 부모는 이제 남들에게 '무자식 상팔자' 라고 말하고 다닌다. 무엇이 가정을 그렇게 만들었을까? 교육비 많이 쓴다고 아이들이 잘되는 것은 아님을 이 가정의 사례만 봐도 알 수 있다.

교육 전문가들은 어릴 때 독서 습관을 길러주는 것이 아이의 미래를 위해 훨씬 도움이 된다고 주장한다. 필자 역시 이 주장에 100% 공감한다. 그러기 위해서는 부모가 책을 좋아해야 한다. 그러면 아이도 자연스럽게 책을 본다. 독서하는 아이는 국어 성적이 좋다. 국어를 잘하는 아이는 수학을 잘할 확률이 높다. 수학을 잘하려면 정의, 개념 그리고 문제의 요지를 잘 파악하는 능력이 필요하다. 국어를 잘하는 것은 수학을 잘하는 것의 토대라는 게 교육 전문가의 조언이다.

어릴 때 한 자리 앉아서 한 시간 책을 읽을 수 있는 아이는 혼자서도 공부할 수 있는 능력이 있다. 그러니 아이를 여기저기 돌리지 말고 부모가 공부시키는 것이 가장 좋다. 필자는 교육 전문가는 아니지만 재무 전문가로서 과도한 교육비보다는 독서를 잘 가르치는 것이 훨씬 효율적이라고 주장한다. 여기에 한 가지 더 보태면 아이의 자아 개념을 확대시키는 것이다. 그러면 아이는 책임감과 함께 성숙한 의식을 갖게 되고 행복하게 살 가능성이 높아진다.

온갖 선행학습과 사교육으로 점철된 우리와 달리 핀란드는 오직 공교육만으로 놀라운 성과를 내고 있다. 다음의 표를 보면 핀란드에서는 통계에 잡히지 않는 사교육비와 선행학습이 애초에 존재하지도 않는다. 교육에 민간 부담률은 0.1%에 불과하다. 반면에 대한민국은 민간에서 부담하는 교육비가 OECD 평균보다 세 배 높다. 여기에 잡히지 않는 사교육비는 18조 원으로 추정되며 학생 대부분이 선행학습을 한다.

핀란드의 경쟁력은 강력한 공교육 시스템에 있다. 이들은 우리보다 훨씬 적은 교육비를 투자하고도 세계 최고 수준의 교육을 자랑한다. 누구도 선행학습과 사교육으로 스트레스를 받지 않고 산다. 물과 나무 외에 다른 자원이 없는 핀란드는 "사람이 최고의 자원이므로 단 한 사람도 버릴 인재가 없다."는 확고한 철학으로 공교육만으로 세계 최고의 인재를 키우는 것이다.

핀란드와 한국 교육비 비교 (OECD 2011년 자료)

	핀란드	대한민국
GDP대비 공교육비	6.6%	7.6%
정부 부담률	6.5%	4.6%
민간 부담률	0.1%	2.8%, OECD 국가 평균 대비 311%
통계에 잡히지 않은 사교육비	없음	18조 1.5% 추정
선행학습	없음	대부분 선행학습

우리나라의 교육비 부담률은 세계 최고 수준이다. 문제는 이렇게 쓰고도 교육의 질과 수준이 형편없이 낮다는 것이다. 우리 국민은 개발도상국 수준의 교육을 받기 위해 가장 높은 교육비를 부담하고 있다. 그로 인한 스트레스 역시 세계 최고 수준이다.

매번 실패로 끝난 정부의 교육개혁과 정책의 부재도 문제다. 그렇다고 제도 개선을 마냥 기다릴 수는 없다. 교육 문제를 해결하기 위해서는 부모 개개인의 인식 변화도 필요하다.

크고 넓은 자아를 물려줄 수 있다면

2008년에 최고의 인기 배우가 자살로 생을 마감했다. 누구보다 재능 있고 수많은 사람에게 사랑받았던 유명인의 죽음은 커다란 충격을 주었다. 그는 사회적으로 크게 성공했고 부도 쌓은 사람이었다. 그런데도 마음속에는 슬픔과 무기력, 좌절이 가득 차 있었다고 한다.

이미 고인이 된 이의 삶과 죽음에 대해서 왈가왈부하고 싶은 마음은 없다. 오죽했으면 죽음을 선택했을까 하는 안타까운 심정이다. 하지만 그의 자아가 확장되었더라면 그런 선택은 하지 않았을 것이라는 생각이 든다. 인생이 어찌 매일 즐겁고 인기가 좋기만 하겠는가? 오르막이 있으면 내리막도 있는 게 인생 아닌가?

만약 그가 나누는 삶을 살았다면 슬픔과 괴로움을 건강하게 이겨

내고 상처도 치유됐을지도 모른다. 그처럼 유명하고 성공한 사람은 응원하고 격려하는 사람도 많기 때문에 자아를 확장하는 것이 일반 사람보다 훨씬 수월하다.

필자가 이렇게 확장된 자아의 중요성을 이야기하는 것은, 확장된 자아가 우리 삶을 훨씬 더 고귀하게 만들어 주기 때문이다. 만약에 자기만 아는 이기적인 아이와 남들을 생각하는 이타적인 아이가 있다고 하자. 누가 더 사회에 필요한 사람일까? 여러분이 가까이 두고 싶은 사람은 이기적인 사람인가, 이타심이 많은 사람인가? 사람들에게 호감을 주는 아이와 그렇지 못한 아이가 있다면 어느 아이가 더 행복할까?

확대된 자아는 나를 넘어 남까지 확장된 것을 의미한다. 나를 넘어선 확장된 자아는 사회에도 긍정적인 영향을 미치지만, 스스로의 삶이 행복해질 수 있는 출발점이기도 하다. 아이가 공부를 잘 하든 못하든 간에 행복하게 사는 비결이 있다면 바로 남들과의 관계 속에서 자신을 바라보는 것이다. 좋은 관계를 유지하기 위해서는 상대방을 생각하는 마음이 있어야 한다. 그것이 이타심이다. 아이들의 미래가 정말로 행복해지기를 바란다면 이타심이 많은 아이로 키우는 게 좋다. 이타심을 잘 심어주면 좋은 대학을 가지 못해도 행복하게 살 가능성이 아주 높아진다.

그런데 요즘 부모들은 아이가 이타적으로 자라는 것을 원하지 않는다. 다른 아이들보다 더 영리하고 실리를 추구하고 약삭빠르게 사는 것을 좋아한다. 반대로 아이가 너무 순진하거나 남에게 도움

주는 것을 보면 못마땅해 한다.

"네 일이나 잘 하지, 넌 왜 그렇게 남의 일에 관심이 많니?"

"그런 일에 나서지 말고 공부나 열심히 하렴."

한 번이라도 자녀에게 이와 비슷한 말을 한 적이 있지 않은지, 부모 스스로가 반성해 봐야 할 것이다.

자아의 개념을 확대하자는 의미는 나만 생각하지 말고 친구, 사회, 민족, 국가, 세계로 확대하자는 것이다. 나만 생각하는 사람이 아니라 이웃을 생각하고 사회를 생각하고 국가를 생각하는 아이로 키우면 훨씬 더 행복하게 살 수 있다. 아이가 남을 위하고 다른 사람 일에 나선다면 그것은 야단칠 것이 아니라 칭찬할 일이다. 일등하면 행복하고, 나만 배부르면 행복하고, 나만 즐기면 행복하다고 키워 놓으면 행복의 조건이 사라지는 순간 불행해진다. 자아를 키워주면 스스로의 행복감이 높아져서 그 아이가 그 복을 다 받는다.

'훌륭한 사람이 되라'고 가르쳐야 정답

"아이를 강남에서 키우고 외국에 유학도 보내고 최고의 생활에서 키우면 그만큼 아이에게 좋습니다. 아이들이 그 삶을 유지하기 위해서라도 열심히 노력하거든요."

최고의 교육을 받고 최고의 자리에 올라 있고 자신의 자녀들에게도 최고의 교육을 시키는 어떤 명사가 한 말이다.

화려한 생활에 익숙해지면 그것을 유지하기 위해 더 열심히 노력할 것이므로 자식에 대한 걱정을 하지 않아도 된다는 얘기인데 씁쓸한 생각이 든다. 반대의 경우도 많기 때문이다. 화려한 생활을 하던 사람은 그 생활이 무너지는 순간 불행해진다.

아낌없는 지원을 받으며 자란 사람들이 사고치는 것을 필자는 수도 없이 목격했다. 외국에서 최고의 교육을 받고 들어와 일신의 만족과 성공을 위해 범죄를 저지르는 젊은 친구들도 여럿 봤다. 개중에는 아버지 몰래 회사를 담보로 대출을 받아 회사를 위기에 빠트리는 30대 아들도 있었다. 그리고 주식투자에 중독돼서 정상적인 생활을 하지 못하는 친구들도 봤다. 겉보기에는 정상적이고 화려한 사람들이다. 남들의 부러움도 산다. 그런데 속은 썩었고 하루하루 사는 것이 고통인 경우도 많다. 가치관이 건강하지 않기 때문이다.

나를 뛰어 넘어 친구, 사회, 국가 더 나아가 인류를 생각하는 마음을 가진 아이로 키우는 것이 최고의 교육법일 것이다. 세상에 도움이 되겠다는 생각과 남들을 도우며 함께 살아야 함을 배우며 자란 아이는 사회와 세계 속에서 나를 본다. 남들을 돕고 함께 살아야 함을 배운 아이들은 관계의 중요성을 터득한다.

배가 고파도 참고 "너 먼저 먹어라"고 말할 수 있는 아이들이 행복하게 살아 갈 수 있다. 자신의 전문성을 이용해서 사기 치거나 마약이나 도박에 중독되지 않는다. 돈을 받아먹고 구속되는 일도 저지르지 않는다. 일시적으로 삶이 힘들다고 해서 극단적인 선택을 하지도 않는다.

고액 과외보다 훨씬 중요한 일이 바로 자아의 개념을 확대할 수 있도록 도와주는 것이다. 이는 바른 가치관과 직결된다. 나만 생각하는 아이는 자신의 문제만 해결하려 하지만 사회를 생각하는 아이는 사회의 문제를 해결하려고 한다. 큰 문제를 해결하려고 하는 아이는 작은 문제를 간단하게 극복한다. 이런 아이들은 어느 조직에서든 인정을 받는다. 힘든 상황에서도 스스로 훌륭하고 지혜로운 선택을 한다. 언제까지 부모가 아이들을 돌봐줄 수는 없다. 자녀들이 행복하게 살기를 바란다면 친구들과 이웃과 국가와 민족을 생각하도록 해야 할 것이다.

2011년에 아카데미 최우수 외국어 영화상을 수상한 덴마크 영화 〈인 어 베러 월드(In a better world)〉를 보면 특별한 아빠가 등장한다. 아이들을 키우는 부모의 마음과 폭력의 고리를 끊으려는 아빠의 감동적인 가르침이 가슴을 먹먹하게 한다. 이런 아빠 밑에서 크는 아이들이 남을 배려하고 공동체 의식도 높을 것이다. 부모가 이런 노력을 해야 아이들이 잘 자란다.

아이들을 바르게 가르치려면 부모가 먼저 존재의 이유를 생각해 봐야 한다. 이렇게 살건 저렇게 살건 우리는 결국 죽는다. '그 인간 잘 죽었다' 는 소리를 듣는 사람도 있고, '아까운 사람이 죽었다' 는 소리를 듣는 사람도 있으며, 죽은 후 본받는 사람이 많아 존경과 명예를 얻는 사람도 있다.

예전에 우리 부모는 훌륭한 사람이 되라고 가르쳤다. 그런데 지금은 돈 많이 벌고 성공하라고 가르친다. 예전 같으면 얼굴 화끈거릴 이야기를 자연스럽게 한다. 사회의 분위기가 그만큼 달라졌다. 사회의 핵심 원리가 돈이 되면 우리 삶은 참으로 피곤하고 고단해진다. 카지노 금융은 우리에게 돈을 많이 벌라고 부추긴다. 많이 소비하고 많이 버는 것이 인생의 목표라고 가르친다. 우리에게 주어진 삶의 시간을 온통 여기에만 집중하면 우리의 인생은 점점 더 고단해질 것이다.

이렇게 가르치면 아이의 존재 이유가 아주 천박해진다. 이런 소리를 듣고 자란 아이는 돈과 성공 이외에 중요한 것이 없다. 결국 불행한 삶을 살 수밖에 없다. 복 받는 일을 부모가 먼저 실천해야 한다. 아이들은 모두 부모의 등을 보고 자란다. 이웃을 생각하고 사회를 생각하는 부모는 부동산 투기로 공동체를 파괴하는 행동도, 자신의 이익을 위해 과잉 진료를 하는 몰염치한 행위도, 생활비가 떨어져 대출을 받으러 온 부부에게 신용카드를 만들라는 파렴치한 행동도, 고객의 돈을 매매 회전시켜서 거덜 내는 행동도 하지 않는다.

이미 판이 짜여진 카지노 판에서 돈을 번다는 것이 정말 쉽지 않다. 돈을 벌라고 주입시키는 것은 아이들을 불행한 삶으로 내모는 행동이다. 실현 불가능하고 누구도 행복하지 않을 길로 내몰 것인가, 아이들이 살아갈 환경을 바꿀 것인가?

아이들의 진정한 성공을 원한다면 아이들이 이웃과 사회, 그리고 국가를 생각하며 자랄 수 있도록 확장된 자아를 물려주고 부모가 모범을 보이자. 그러면 아이는 행복한 삶을 살 가능성이 더 높아진다. 우리 부모세대가 우리에게 가르쳤듯이 '훌륭한 사람이 되라'고 가르치는 것이 아이를 위해서도 부모를 위해서도, 세상의 성숙을 위해서도 좋지 않을까?

돈만 바라보면 공동체가 무너진다

    17년 동안 돈이란 주제로 많은 재무상담을 하며 점점 더 개별화되고 개인주의화 되며 고립되어 가는 우리 사회와 가정들을 목격했다. 필자는 사회학자도 경제학자도 아니지만 소박해도 웃으면서 살고 싶어 하는 사람들의 바람을 방해하는 요소가 사회구조적인 문제와 연결되어 있음을 목격한다. 많이 배우고 많이 가진 사람들의 파렴치한 행동도 목격한다. 우리 개개인의 이기심과 욕심이 가정과 사회를 황폐화시키는 일도 목격한다.

    반면에 수입이 적어도 재미있고 알차게 사는 사람들이 있다. 온통 자기와 자기 가족만을 생각하는 이기주의를 뛰어 넘어 수입의 일부와 시간을 다른 사람들과 나누고, 지속적으로 봉사하는 사람들도 있다. 많이 벌고도 더 벌기 위해 욕심내는 사람들도 있지만 나눌

줄 아는 겸손한 부자들도 있다. 희망을 만들기 위해서는 정치만 탓할 것이 아니라 우리 개개인의 변화도 중요하다는 생각을 종종 한다.

돈과 성공이 중심 가치로 자리 잡은 사회는 공동체의 가치가 훼손되고 파괴된다. 이는 여러 가지 사회 문제를 낳는다. 나와 상관없다고 여겨지는 사회 문제들이 점점 더 늘어나면 이런 문제는 곧 나의 문제가 된다.

하지만 지금 우리 사회는 돈의 많고 적음으로 계급을 나누고 있다. 길 건너 임대 아파트에 사는 아이들과 내 아이들을 어울리지 못하게 한다. 우리 동네에 장애인 시설이 들어오면 집값 떨어진다고 농성하고, 공동으로 모의하여 아파트 값을 올리기 위한 대책회의도 한다. 우리 속에 있는 치졸하고 옹졸한 이기심을 버려야 한다.

성숙한 사회를 위해 각자의 이기심을 버리고 나의 작은 이익을 내려놓을 수 있을 때 희망은 싹튼다. 희망이 없다고 불평하지 말고 이제부터라도 생각을 바꿔보자.

집값 떨어지면 우리 아이들 집장만이 수월하지 않을까?

우리 연금을 줄이면 우리 아이들의 어깨가 조금 가벼워 지지 않을까?

세금 조금 더 내면 청년들에게 희망을 줄 수 있지 않을까?

많은 어려움이 예상되는 시기다. 다행히 우리는 힘들 때 스스로의 모습을 잘 볼 수 있다. 먹고 살기 좋고 잘 나갈 때는 자기의 모습을 보지 못한다. 내리막길을 달려갈 때는 뭐든 잘된다. 대충해도 속도가 나고 수월하다. 하지만 오르막길을 만나면 달라진다. 급격히 체력이 떨어지고 금방 표가 난다. 중병 걸린 사람도 아플 때 증상을 포착할 수 있다. 병에 걸렸음을 깨닫고 체질을 바꾸면 다시 건강이 회복된다. 오르막길을 오르는 지금이 오히려 새로운 변화를 시작할 수 있는 전환점이 될 수 있다.

우리는 지금 올라가기 힘든 길 앞에 서 있다. 지금부터 향후 20년 동안 희망의 징후와 지표는 거의 보이지 않는다. 분명 위기지만 한편으로는 정상을 찾아 가는 과정이기도 하고 우리를 돌아볼 수 있는 기회이기도 하다.

우리는 두 가지 중 하나를 선택할 수 있다. 나 혼자 힘으로 변하는 것은 아무것도 없으니 포기하고 떠밀려 살 것인지, 아니면 내가 변하고 내가 모범을 보이며 세상을 살만하게 만드는 것에 동참할 것인지? 선택은 여러분의 몫이다. 어떻게 살 것인가?

성공의 기준을 바꾸자

오래전에 있었던 일이다. 대통령 후보로 출마한 분과 같은 날 모대학에서 강의를 한 적이 있다. 그 무렵 그분은 지지율이 높았고 일거수일투족이 관심을 받을 때였다. 많은 사람이 몰려 왔다. 학생들과 기자들, 그리고 유력한 대통령 후보가 왔다는 소식을 듣고 몰려온 사람들로 강당 안은 가득 찼다.

바쁘신 그분이 먼저 강의를 했고 필자는 다음 순서를 기다리며 그분의 강의를 들어야 했다. 어차피 들어야 한다면 진지하게 들어볼 마음으로 한마디 한마디 빼 놓지 않고 들었다.

"누구나 돈을 벌 수 있습니다. 열심히 노력하면 됩니다. 가난한 사람들은 노력을 하지 않아서 그런 것입니다. 부지런하고 열심히 일하는 사람은 누구나 부자가 될 수 있습니다."

'어, 이건 아닌 것 같은데…….'

그분의 이야기를 들을수록 점점 의구심이 들었다. 동의할 수 없는 이야기들이 계속해서 흘러 나왔다.

'아무리 장사꾼 출신이라지만 저 정도 의식밖에 없는 사람인가? 대통령을 하겠다고 나선 사람의 수준이란 말인가.'

그분은 학생들을 상대로 두 시간 내내 자신의 성공 스토리를 들려주었다.

"나는 이렇게 고생하고 컸다. 불우한 환경을 극복하려고 피눈물 나는 노력을 했다. 그래서 이렇게 성공했다. 여러분도 나처럼 열심히 해라. 그러면 반드시 성공한다. 열심히 일하면 누구나 돈 많이 벌고 부자가 될 수 있다. 나는 성공해 본 경험이 있는 사람이다. 나처럼만 하면 다 된다. 반대로 열심히 안 하는 사람은 나처럼 될 수 없다. 젊은 사람들 중에 게으르고 도전 정신도 없는 사람들이 많은데 세상은 그런 사람에게 기회를 주지 않는다. 그러니 이 악물고 열심히 노력해라. 성공은 노력하는 자의 것이다."

강의 주제를 한마디로 요약하면, 열심히 노력하면 부와 성공을 이룰 수 있고 자신이 바로 그 증거라는 것이다. 청년들을 상대로 돈 많이 버는 것이 성공이라고 힘주어 말하는 대통령 후보자…….

'수준이 저 정도인 사람이 대통령을 맡는다면 나라가 참 천박해지겠구나. 저분이 국가를 이끌면 잘못된 성공 기준으로 우리 사회 공동체가 상당히 훼손되겠구나!'

걱정했던 대로 강의실 분위기도 이상하게 흘러갔다. 그분의 강의가 끝나고 필자가 강의할 순서가 되었다.

힘 빠진 청중들을 바라보려니 고통스러웠다. 준비해 간 강의안을 포기하고 마음속의 이야기를 했다.

"방금 나간 저분이 한 말대로 세상이 돌아가면 여러분은 희망이 없습니다. 평생 죽어라 일해도 집 한 채 장만하지 못합니다. 극소수의 가진 사람들만 살아남습니다. 나머지는 전부 불행해집니다. 성공은 돈을 많이 벌거나 부동산을 많이 가진 것이 아닙니다. 성공의 유형은 훨씬 다양합니다. 존경받지 못하는 부자는 창피한 줄 알아야 하며 부동산 투기를 통한 부의 축적을 부끄러워 하는 양심이 있어야 여러분이 살아갈 세상에 희망이 있습니다."

다음 날 인터넷 카페 게시판에 그날 강의에 대한 후기가 많이 올라와 있었다. 다행스럽게도 필자의 이야기에 많은 젊은이가 공감해 주었다. 청년들이 무엇이 바른 가치인지 잘 알고 있다는 생각에 안도했고 희망도 보았다. 그러나 몇 개월 후 그는 대통령에 당선됐다. 그리고 충실히 공직을 수행해서 나라의 양극화를 최고 수준으로 벌려 놓았다.

극심한 양극화의 여파는 청년들에게 고스란히 돌아갔다. 부유층을 뜻하는 요즘의 유행어 '금수저'가 아니라면 대부분의 청년은 맨주먹이다. 맨주먹으로 근면하게 일해서 가정을 일궈야 한다. 그런데 카지노 시대는 그들이 시작도 하기 전에 절망부터 안겨준다. 얼어붙은 경기 때문에 취업, 결혼, 출산 중 무엇 하나도 엄두를 낼 수 없다.

그 결과가 고스란히 출산 파업으로 나타나는 것이다. 합계 출산율은 여성 한 명이 평생 낳을 수 있는 아이의 숫자를 뜻한다. 우리나라의 합계 출산율은 1.25명으로 224개국 중 최하위인 220위이다. 인구 감소로 사라질 나라 1호는 일본이 아니라 한국이 될 것이라고 한다. 세계 주요국들은 인구 감소를 국가의 흥망을 좌우하는 요소로 파악하고 비상사태에 준하는 정책으로 다룬다. 그에 반해서 한국은 이 심각한 상황이 무엇을 의미하는지 걱정하지 않는다.

우리 정부와 기성세대는 미래의 자산인 청년들에 대한 투자를 포퓰리즘으로 매도하고 청년들의 가난을 게으름의 결과로 본다. 기성세대는 청년들을 상대로 이 악물고 노력하는 것이 답이라는 주문만 늘어놓는다. 위의 대통령 후보처럼 고도 성장 시기의 성공만을 경험한 삽질 지도자들이 많기 때문에 그런 시각으로 보는 것이 당연할 수도 있다. 하지만 그런 청년들을 지원하지 않으면 그 대가를 치르는 일에서 누구도 자유로울 수 없을 것이다. 지금 청년들은 그 당시 청년들보다 훨씬 똑똑하고 야무지다. 다만 이들은 시대를 잘못 타고나서 기성세대가 누린 고도성장의 기회를 얻지 못했을 뿐이다.

1990년대 후반부터 젊은이들의 출산 파업은 시작되었다. 그 동안 정치인들은 국가의 미래를 짊어질 청년을 모든 정책에서 소외시키고 표를 얻기 위해 장년층의 복지만 강화했다. 2018년부터는 생산 가능 인구가 줄기 시작하는 인구 절벽을 경험하게 될 것이다. 노인들의 미래 역시 암담해진다. 국가 전체의 성장 동력이 떨어진 일본,

그리스, 스페인, 이탈리아의 현실이 남의 이야기가 아니다.

정책을 결정하는 소수의 사람은 자신들은 안전지대에 있다고 생각한다. 즉 자신의 자식들은 힘든 상황이 와도 기득권을 유지하며 살아갈 방법이 있다는 심리가 깔려 있다. 자식들을 많이 가르쳐 놓았고 또 물려 줄 것이 많기 때문에 그들은 크게 걱정하지 않는다. 그래서 이들은 젊은 청년의 가난과 어려움에 비판적이고 관심이 없다. 청년에게 용기를 주고 희망을 주고 존경받는 삶의 모범을 제시할 국가 지도자가 있다면 얼마나 좋을까?

'존경 받는 삶을 사는 것'이 바람직한 성공의 기준이 되어야 희망이 있다. 그러면 어떤 삶을 사는 사람이 존경받아야 하는 것일까.

프랑스의 조르주 퐁피두 전 대통령은 1969년 공약집에 담았던 '삶의 질'에서 중산층의 삶을 이렇게 요약했다. 외국어 하나 이상 가능하고 스포츠를 하나 이상 즐기며 악기를 다룰 줄 알고 남들과 다른 맛의 요리를 만들 줄 알고 '공분'에 의연히 동참할 줄 알고 약자를 도우며 봉사활동을 꾸준히 하는 삶이다.

미국의 공립학교에서도 중산층에 속하는 사람들의 공통점을 꼽았는데 우리의 기준과는 사뭇 다르다. 그것은 바로, 자신의 주장에 떳떳하고 사회적 약자를 도우며 부정과 불법에 저항하고 정기적으로 구독하는 비평지가 있어야 한다는 것이다.

몇 년 전에 우리나라에서도 중산층 기준에 대한 직장인 설문조사를 했다. 결과는 '부채 없이 아파트 30평 이상 소유하고, 월급 500만 원 이상에 2,000cc급 중형 자동차 이상, 예금 1억 원 이상, 해외

여행 연 1회 이상' 이었다. 좀 창피하지 않은가? 삽질 시대의 기준을 그대로 성공의 기준으로 물려받음으로 벌어진 비극이다.

돈, 출세, 부자가 성공의 기준이 된다면 우리는 영원히 이 피곤한 삶에서 빠져 나오지 못할 것이다. 어떤 가치가 성공의 기준이 되어야 우리가 사는 세상이 나아질까?

위기의 때, **반성하고** 성찰하자

생각지도 못한 상황에서 감동받았을 때 그 여운은 오래 간다. 또 그런 값진 경험을 하게 해준 사람에게 감사하게 된다. 몇 년 전 모 협회에서 병상 수가 100석 이상인 병원을 운영하는 병원장을 대상으로 진행한 행사에 참여한 적이 있다. 이때 들은 강의는 두고두고 감동을 준다. 그때 있었던 일은 지금까지도 선명하게 기억에 남아 있고 앞으로도 잊을 수 없을 것이다.

필자의 강의가 끝나고 제법 나이 드신 분이 차례를 이어 받았다. 스크린에 띄워 놓은, 강연 제목이 청중의 호기심을 자아냈다.

"희연, 너는 네 존재 이유를 아는가?"

두 번째 화면에는 이런 문장이 쓰여 있었다.

"인간의 존엄성을 지켜주기 위해!"

그분은 창원에서 '희연병원' 이라는 요양병원을 경영하는 원장으로 요양병원의 역사를 새롭게 쓰신 분이다.

"요양병원 성격상 의사나 간호사 등 스텝들이 오래 있을 수가 없습니다. 제 사업도 그리 자랑할 만한 게 못 됩니다."

그분은 겸손하게 말문을 열었다. 그러면서 병원 경영의 비결은 병원의 가치관에 있다고 했다.

"저는 환자를 대할 때 이런 생각을 합니다. 여기 누워 있는 환자들에게도 우리와 같은 젊은 시절이 있었다. 누군가의 딸이고 아들이던 분들이다. 이분들이 돌아가시기 전에 마지막으로 보는 얼굴이 바로 우리 직원의 얼굴이다. 이분들이 아름다운 기억을 가지고 가시도록 우리가 도와 드리자. 이분들의 존엄성을 우리가 지켜 드리자."

이런 가치관으로 운영하는 요양병원은 아름답고 숭고한 병원으로 변했다. 병원에서 일하는 직원들도 함께 참석했는데 아니나 다를까 모두 밝고 예쁜 사람들이었다. 새벽까지 술잔을 기울이며 오랫동안 이야기를 나누었다. 지금도 그들을 생각하면 웃음이 나오고 기분이 좋아진다. 그들은 자신들이 하는 일에서 최고의 사명을 가지고 감동을 만들었고 바른 방식으로 지속가능한 병원을 만들었다. 그들은 수익의 개념으로 환자를 대하지 않고 아름다운 사랑의 마음으로 돌본다.

"처음에는 돈을 벌려고 요양병원을 시작했습니다."

그분에게는 힘들었던 과거가 있었다. 병원을 시작한 지 얼마 안 되어 크게 실패했다. 낙담하는 중에 일본의 요양병원을 둘러볼 기회가 있었다. 노인을 대하는 일본인의 정성 어린 태도를 보고 크게 깨달았다고 한다.

한국으로 돌아온 그는 마음가짐을 새롭게 했다. 돈을 바라보지 않고 앞서 말한 가치관대로 병원을 운영했다. 자리를 잡기까지 어려움이 있었다. 그래도 일절 타협하지 않고 정성을 다해 밀고 나갔다. 그리고 이런 노력의 결실을 보게 되었다.

몇 년 전에 친한 친구와 창원 바닷가에 앉아서 밤새 이야기를 나누었다. 친구는 창원에서 사업을 했다가 실패했다. 친구는 다시 사업을 시작하고 싶어 했고, 통나무 주택 건축 사업으로 재기를 꿈꾸고 있었다. 나는 친구의 사업을 말렸다. 내가 보기에 그 친구는 선생님이 되면 누구보다 잘 할 사람이었다. 사업과는 어울리지 않는데 사업을 해서 마음고생을 하고 힘들어 했다. 그리고 자금도 부족했다. 이 두 가지 이유를 들어서 사업을 말렸다.

그래도 꼭 사업이 하고 싶다면 방식을 달리 해보라고 조언했다.

"일단 자금이 부족하다. 고생해서 자금을 모아도 이자 내기가 쉽지 않을 것이다. 그러니 네가 직접 집을 지어서 팔려고 하지 말고 사람들이 집을 지을 수 있도록 가르쳐 보는 게 어때? 컨설턴트가 되는 거야. 집 장사를 하지 말고, 집을 짓고 싶어 하는 사람들을 도와주는 거야."

사람들은 누구나 자기 집을 짓고 싶어 한다. 돈이 많은 창원에서는 사업성이 있을 것 같았다. 그러면 친구가 많은 것을 새롭게 볼 수 있을 거라고 생각했다. 부족한 사업 자금을 걱정하지 않아도 되고 잘 하는 일을 함으로써 행복할 수 있을 것이다. 물론 집을 짓는 사업보다 적게 벌겠지만 대신에 부담이 없을 거라고 말해 줬다.

"너도 해봐서 알겠지만 사업하면서 돈 버는 게 어디 쉬운 일이야? 적게 벌더라도 맘 편하게, 행복하게 사는 방법도 있어."

만류에도 불구하고 그는 자금을 모아 집을 지어서 파는 사업을 시작했다. 친구가 잘 되길 빌었지만 몇 년 간 마음고생을 하고 극심한 스트레스를 받다가 사업을 접었다.

그 친구를 생각하면 지금도 안타깝다. '집을 지어 팔아서 이윤을 남겨 부자가 되겠다' 와 '집을 짓고 싶어 하는 사람들을 돕는 일을 하겠다' 는 언뜻 비슷해 보이지만 조금만 더 생각해 보면 큰 차이가 있다. 똑같이 집을 짓더라도 전자와 후자는 존재의 이유가 확연하게 다르다. 전자는 이윤을 많이 남겨서 부자가 되는 데 존재 이유를 두고 후자는 남을 돕는 데 둔다. 어떤 선택을 하든 과정과 결과가 매우 다를 것이다. 바른 가치관을 바탕으로 사업하는 것이 여러 가지로 유익하다는 생각을 한다. 그리고 바른 가치관이 없으면 성공하기도 쉽지 않은 시대가 되었다. 돈을 벌기 위한 목표보다 감동적인 동기로 사업을 시작해서 성공한 사례들이 많지 않은가?

개인은 말할 것도 없고 나라 전체가 힘든 상황이다. 상식이 무너진 지 오래고 양극화는 점점 더 심각해지고 있다. 먹고 살기 힘들어서 수많은 서민이 한숨을 쉬고 있다. 지금은 그럭저럭 살아도 미래를 생각하면 우울해진다. 국민 대다수가 이런 상태다. 이럴 때 우리의 존재 이유가 무엇인지 진지하게 생각해 보았으면 좋겠다. 나아가 어떤 삶의 자세를 가지고 살아야 할지, 우리 사회가 어떻게 변해야 할지도 생각해 봤으면 한다. 배부르고 여유 있을 때 이런 생각을 하는 것은 쉽지 않다. 앞서 소개한 요양병원 원장처럼 위기에 처했을 때, 우리는 반성과 성찰을 할 수 있는 기회를 얻을 수 있다.

치열함을 내려놓고 저녁이 있는 삶으로

연예인 아빠와 그의 아이들이 주말 텔레비전을 장악했다. 아빠가 아이들을 데리고 여행을 떠나고 아이들을 위해서 요리도 한다. 이런 프로그램을 육아 리얼리티 쇼라고 하는데 그 인기가 몇 년째 식을 줄 모른다. 이런 프로그램은 하나 같이 아버지 혼자 아이들을 책임지는 설정으로 진행된다. 그래서 프로그램이 시작될 때 엄마는 집에 남고 아버지와 아이가 여행을 떠나거나 반대로 아이와 아버지만 남겨두고 엄마가 집을 잠시 떠나는 장면을 보여 준다.

어린 아이를 키우는 엄마들이 쓰는 말 중에 '독박 육아'라는 신조어가 있다. 말 그대로 육아를 독박 쓴다. 즉 혼자서 다 떠맡는다는 뜻이다. 남편은 돈을 벌고 사회생활을 하느라 육아는 뒷전이다. 그리고 아이에게 좋지 않은 일이 생기거나 성적이 좋지 않으면 그

것을 전부 엄마의 책임으로 돌린다. 남편에 대한 원망과 육아의 어려움, 엄마의 억울함을 반영하는 신조어가 바로 독박 육아인 것이다.

텔레비전 방송은 독박 육아에 지친 엄마들에게 일종의 판타지를 보여 준다. 엄마가 없어도 아빠가 혼자서 알뜰살뜰 아이들을 챙긴다. 아빠가 놀아주자 아이들은 아이들대로 무척 행복해 한다.

'남편이 저렇게 아이를 챙겨주면 얼마나 좋을까?'

'저렇게 자상한 아빠라니 부럽다.'

텔레비전 앞에 앉은 엄마들은 누구나 한 번쯤 이런 생각을 했을 것이다.

몇 해 전 캐나다 여행을 간 적이 있다. 캐나다 사람들의 생활 패턴은 우리와 많이 달랐다. 그중에서도 가장 인상적인 것은, 저녁 8시가 조금 넘었을 뿐인데 거리에 인적이 드물었다. 10시가 되자 라이브 카페도 전부 문을 닫았다. 한국에서 온 우리 일행은 평소 습관대로 조금 더 놀고 싶었다. 일행 중 한 사람이 카페 주인에게 마감을 늦춰달라고 부탁해 보자 했는데 안내를 맡은 가이드가 말렸다.

"안 됩니다. 여기서는 밤늦게 술 마시고 길거리 몰려다니면 정신병자 취급받아요."

"아니, 열 시면 늦은 시간도 아닌데요?"

"여기 사람들은 이 시간이면 전부 집에 있어요."

한국의 밤과는 너무도 다른 풍경이었다. 한국의 밤은 직장에 있던 남자들이 퇴근 후에 사회생활을 하는 시간이다. 남자들이 사회생활을 하는 그 시간에 아내들은 독박 육아로 지쳐간다.

부부 상담을 하다 보면 대화가 단절된 가정을 많이 접한다. 젊은 부부들도 많이 만나는데 아내들이 털어놓길 외롭고 힘들다고 한다. 여러 요인이 작용한 결과겠지만 '사슴 잡아오면 역할 다 했다'는 사냥 본능이 남아 있는 남성들의 불찰이 크다고 여겨진다. 여기에 카지노 판이 더해져 남편들의 삶은 점점 더 치열해진다.

한국 사회의 특성상 여성은 남성들이 상상할 수 없을 정도로 큰 결심을 한 후에 아이를 낳는다. 일단 직장생활의 경력이 끊긴다. 오랫동안 즐겼던 취미생활도 못한다. 상당 기간 여행도 못 간다. 그뿐인가? 외벌이로 수입이 줄어서 전세금 대출 갚는 것도 보통 일이 아니게 된다. 여기에 아이의 교육비까지 생각을 하면 임신이 두려워진다. 만약 남편의 직장에 문제라도 생기면 그때는 어떻게 할 것인가? 여성이 자신의 경력을 끊고 아이를 낳는다는 것은 무모한 용기가 선행되어야 가능한 일이다.

아이를 낳는 출산은 독립운동을 하는 것만큼이나 비장한 결단을 해야 하는데 아내의 이런 어려움을 남편이 이해해야 한다. 육체적 · 정신적으로 힘든 가운데 외롭기까지 하면 사람이라면 누구나 우울한 기분에 사로잡힌다.

남자들도 할 말은 있다. 경쟁이 치열하다 못해 살벌한 이 사회는 남편과 아빠들의 퇴근을 쉽게 허락하지 않는다. 직장인에게 정시 퇴근, 이른바 칼퇴근은 허용되지 않는다.

"과장으로 승진한 후부터는 명절 연휴에 집안 식구들과 시간을 보내는 게 불가능합니다."

대기업에 근무하는 사람들은 평일은 물론 주말에도 편히 쉬지를 못할 지경이다. 언제까지 장시간 노동이 경쟁력이 될 수 있을까? 바꾸어야 할 때가 됐다. 근무 시간이 끝난 아빠들이 집에 갈 수 있도록 배려해야 한다.

많은 가장들이 나이 들면 후회한다. 젊을 때 아이와 아내와 시간을 보내지 못한 것이 아쉽다고 한다. 가정을 살피는 것은 기본 중에 기본이다.

육아도 마찬가지다. 자녀 교육에도 아빠가 많이 개입하는 것이 좋다. 교육을 그저 엄마에게 맡기고 나 몰라라 하는 아빠들이 많다. 일반적으로 엄마는 아이에 대한 애착이 강하다. 아빠가 교육에 개입해 객관적인 시각으로 중심을 잡아줄 필요가 있다.

사교육비 대는 것으로 부모의 역할을 다 했다고 생각하면 안 된다. 대한민국에서 가장 극성스러운 교육열의 진원지는 강남이다. 강남은 먹고 사는 데 지장 없는 사람들이 사는 동네다. 그들의 먹는 것, 입는 것, 교육시키는 것은 유행을 타고 전국으로 전파된다. 우리가 언제부터 아이들을 영어 유치원에 보냈는가? 강남 부모들이 제일 먼저 시작했고 지금은 형편이 안 되는 사람들도 무리해서 아이들을 영어 유치원에 보낸다.

사교육 관계자의 말을 들어 보면, 영유아를 대상으로 한 교육 사업은 쉬워도 너무 쉽다고 한다.

"아이의 대학 간판은 유치원 때 결정 납니다!"

이 한마디면 엄마들 눈에서 불꽃이 튄다. 엄마가 사교육에 욕심을 부리기 시작하면 통제하기 힘든 상황으로 빠지기 쉽다. 이럴 때 아빠가 개입해야 한다. 아닌 것은 아니라고 끊어 주는 것도 아빠의 역할이다.

보통 나이 50이 넘으면 일상의 작은 것들이 소중하게 보이기 시작한다고 한다. 더 늦게는 은퇴 후에나 그런 게 보인다고 한다. 하지만 이때 아이들은 다 자랐고 아내는 더 이상 남편을 필요로 하지 않는다. 아내는 아이를 낳아 기르기 위해서 취미생활도, 직장 경력도 포기했다. 이런 아내에게 감사해야 한다. 아내와 함께할 취미도 만들고 아내와 더 많은 시간을 보내자. 가정의 행복을 위해 이제라도 저녁이 있는 삶을 계획해 보자.

기성세대, 양보를 배우라

2500년 전에 태어난 공자는 '대동사회'라는 이름의 바람직한 사회상을 제시했다. 그 사회의 모습은 이렇다.

국민들은 훌륭한 성품과 능력을 갖춘 사람들을 뽑아 정치를 하게 하고
남의 부모도 자신의 부모처럼 돌보고
남의 자식도 자신의 자식처럼 돌본다.
나이 먹은 사람들은 편안하게 삶을 마칠 수 있고
청년들은 자신의 적성에 따라 배우고 일을 하며
사회의 약자를 배려하여 불편하지 않게 돌본다.
결혼한 남자는 가정을 꾸리는 데 부족함이 없는 직업을 가지며

여성들은 가정을 이루는 것을 즐거워하며 아이 키우는 것을 행복으로 여긴다.

자원을 아껴서 헛되이 낭비되는 일을 경계하며

자기가 벌었다고 하여 독점하지 않고 이웃과 나눈다.

지나친 경쟁을 경계하여 삶이 피곤하지 않고 남의 것을 빼앗지도 않고 폭력으로 타인을 억누르지 않는다.

이웃과 잘 어울려 지내면 문 잠그는 일도 없다.

이것이 우리가 꿈꾸는 세상 아닌가? 그런데 이런 이상적인 사회는 멀리 있다. 그 책임이 누구에게 있는지, 기성세대들이 고민해 볼 일이다.

젊은 세대의 눈에 기성세대는 어떤 모습으로 보일까? 2015년에 KAIST 미래전략대학원의 박성원 박사가 청년들을 대상으로 그들이 바라는 미래상에 대한 설문조사를 발표한 적이 있다. 결과는 박종훈의 저서 《대담한 경제》(21세기북스)에도 실렸는데 아주 충격적이다. 20~34세의 청년층 42%가 바라는 미래상이 무엇이냐는 질문에 '붕괴와 새로운 시작'이라고 응답했다. 그들 눈에 기성세대가 만들어 놓은 나라는 붕괴되지 않으면 어찌 해볼 도리가 없는 나라인 것이다.

요즘 청년들 사이에서 유행하는 단어 중에 가장 인기가 많은 것은 '헬조선'이다. 지옥처럼 혹독하고 괴로운 대한민국의 현실을 담아낸 신조어다. 헬조선과 함께 많이 거론되는 단어가 바로 이민이다. 북유럽으로 대표되는 '선진국 이민', '헬조선 탈출'이 청년들의 희망사항이자 염원이 되었다. 이들에게 조국은 희망이 없는 절망의 땅이다.

지금 대한민국의 복지정책은 투표권이 집중된 노인층 중심이다. 장차 미래의 희망인 대한민국 청년들은 복지뿐만 아니라 대부분의 경제정책에서도 소외되어 있다. 정치는 보수화된 노인들의 표를 의식하고 그들에게 집중하며 청년들을 정책에서 소외 시킨다. 대표적인 예가 부동산이다. 지금 대한민국의 부동산 정책은 집을 소유한 이들, 즉 기성세대 위주로 돌아간다. 부동산 매매 정책이 주를 이룬다. 양도세 완화나 세금 지원, 부동산 담보대출 같은 정책은 집 있는 사람들을 위한 정책이다. 청년들은 당연히 소외된다. 청년들은 전세 보증금을 마련하기는커녕 월세를 부담하는 것도 쉽지 않다.

지금의 50대와 60대, 그리고 70대는 산업화와 민주화를 통해서 가장 많은 혜택을 본 세대다. 조국 근대화의 시기와 맞물리며 일하는 만큼 성장하는 성취를 맛보았다. 이들에게 취업 걱정 같은 것은 없었다. 불안에 떨 일 없이 정년도 보장받았다. 때마침 부동산 가격도 뛰었다. 노후 준비까지 여유 있게 마칠 수 있었던 사람들이 지금의 50~70대다. 눈물을 흘리는 이들은 이들의 자식들인 청년이다.

뻔뻔한 기성세대는 조금도 양보할 맘 없이 의료 보험과 국민연금, 그리고 각종 연금제도의 풍성함을 누린다. 반면에 청년세대들은 어떤가. 그들은 하루하루가 살기 힘들고 희망이 없다. 결혼도 출산도 하지 않는다. 안 하는 것이 아니라 못한다. 심각하게 생각해야 할 현상이다. 기업들은 규제를 풀어 자기들이 뭐든 다 할 수 있게 해야 돈을 벌 것이고 수익이 넘치면 물이 흘러 주변을 적시는 낙수효과가 있다고 주장하였다. 그 결과 불평등은 더욱 심화되었고 중소기업의 자리까지 침을 흘리더니 하나씩 잠식하기 시작했다. 하다못해 생수와 막걸리, 두부, 풀빵, 그리고 떡볶이 장사까지 나서는 파렴치한 모습을 보였다. 낙수효과는 고사하고 청년들을 위한 정규직 일자리는 점점 줄어들고, 파견직 노동자 일자리들만 잔뜩 양산해 냈다.

시간이 더 지나면 극소수를 제외하고는 정규직 개념이 아예 사라질지도 모른다. 이런 추세가 몇 년 더 지속되면 대기업 공장 노동자들도 거의 다 파견직 노동자로 바뀔 것이다. 겉보기에 번듯해 보이는 서울 시내 한복판의 도시 근로자들도 상당수가 계약직에 용역, 파견직이다. 일자리가 불안하다. 급여도 너무 적다. 일하기 위해서 밥을 먹고, 일하기 위해 잠자는 정도의 급여만 받으니 도저히 돈을 모을 수 없다.

부동산 가격이 떨어지지 않으면 결혼은 꿈도 꿀 수 없다. 연애와 출산, 결혼을 포기한 게 삼포세대였다면 지금은 무려 연애, 결혼, 출산에 대인관계, 취업, 집, 꿈 무려 일곱 가지를 포기한 칠포세대로 진화했다. 필자는 젊은 친구들이 현명하다고 생각한다. 결혼 안 하고 사는 것이 살 수 있는 방법임을 알아낸 것이다.

한 하늘 아래 사는 인간들이 만들어낸 매우 기형적인 주택 가격에 젊은이들의 꿈이 잠식당했다. 후손을 번식할 생각을 버리기 시작했고 이것은 곧 공동체가 흔들리는 상황을 의미한다. 출산율을 높이기 위해 정부가 내놓은 정책은 심각한 상황을 제대로 인식하기는 한 건지 의문이 들 정도로 허술할 뿐이다. "결혼해서 아이를 낳으시오."라고 권한다면 그들은 이런 대답을 들을 것이다.

"너나 낳으세요."

결혼해서 아이들 교육시키는 것이 이토록 힘들고, 집 한 채 장만하는 것이 이토록 어렵다면 어떻게 살아갈 용기를 내겠는가? 사회가 이런 식으로 황당하게 돌아가니 청년들은 아이를 낳지 말자고 서로가 암묵적 합의를 본 것이다. 이른바 결혼 파업, 출산 파업을 하는 것이다. 이는 기성세대를 향한 소리 없는 경고다. '우리를 이렇게 힘들게 하면 나이 먹어 가는 당신들을 위해 일할 사람이 없을 것'이라는 무언의 위협이다. 실제로 중산층이 점점 줄어들고 갈수록 소득 양극화가 심해지고 있다.

남는 것은 좀 나누고 미래를 위하여 투자하는 것이 합리적인 생각이 아닐까? 어느 쪽이 정권을 잡든 간에 노인 인구의 표를 의식하지 말고 미래 세대에게 기회를 주어야 한다. 스웨덴은 청년복지를 통해서 경제회복에 성공했다. 북유럽에서 가장 살기 좋은 나라로 꼽히는 스웨덴도 어려울 때가 있었다. 1990년대 부동산 거품 붕괴로 최악의 금융위기를 겪었다.

이런 최악의 경제 위기 속에서도 이들은 청년 세대를 위한 실업 대책과 각종 복지정책을 포기하지 않았다. 실업자의 소득이 일정 수준 이하로 떨어지지 않도록 지원하고 적극적으로 구직을 도왔다. 청년이 노동시장에 복귀할 수 있도록 기성세대가 앞장서서 길을 열어 주었다. 덕분에 스웨덴은 2014년 세계 5위의 국가경쟁력과 74%대의 높은 고용률을 달성할 수 있었다.

우리도 할 수 있다. 적어도 청년들이 조국을 지옥이라고 생각해서는 안 된다. 그들이 살고 싶어 하는 나라를 만들자. 그러기 위해서는 기성세대에게 고통을 요구할 줄 아는 용기 있는 정치인이 나와야 한다. 기성세대 역시 양보할 마음을 내어 놓아야 한다. 그래야 청년들이 살아갈 힘을 얻을 수 있다. 우리가 누린 성취를 청년들도 누려야 하지 않을까?

열쇠는 통일에 있다

10~13대 국회의원, 국회정책위 의장, 국회윤리 위원장, 김영삼 정부 노동부 장관을 역임하며 합리적 보수를 표방했던 남재희 전장관의 주장은 우리로 하여금 통일을 다시 바라보게 한다. 이광재의 ≪대한민국 어디로 가야 하나≫에 그의 이야기가 나온다.

"북한 핵 폐기와 동시에 평화 협정을 체결해야 한다. 이명박 대통령은 북한이 핵을 없애면 대화를 하겠다고 했는데 그건 말이 안 된다. 동시에 해야 한다. 총 든 사람에게 '총 치우면 돈 주겠다'고 하면 협상이 성립되겠는가? 핵 폐기와 평화 보장이 동시에 진행되며 상호 신뢰가 축적되어야 한다. 이명박 정부는 지난 5년을 허송세월 했다. 북한이 무너지지 않을 것이란 인식을 하고 관계개선을 추진해 나가야 한다. 그 과정에서 인도적 지원을 지속하면서 신뢰를 쌓아야 한다.”

　성숙한 세상에 뭔가 조금이라도 보탬이 되고자 포도재무설계는 사업 초창기부터 세 가지 운동을 전개해 왔다. 세 가지 운동을 위해서 상담료의 일부를 기부하고 상담받는 분들에게도 기부를 권유한다. ‘더불어 사는 공동체 살리기’, ‘평화통일 전파하기’, 다음 세대를 위한 ‘환경 살리기’가 그것이다.

　재무 상담을 하는 회사가 통일을 이야기하면 의아하게 반응하는 사람이 많다. 포도재무설계가 통일 운동을 전개하는 이유는 두 가지다. 하나는 우리의 상담을 받는 고객들의 미래가 안정적이고 행복해야 하는데 분단이 이를 방해한다. 어서 분단 상황이 종결되고 통일을 맞아야 한다. 다른 하나는 남과 북이 모두 잘 살기 위해서다. 함께 잘 살기 위해서는 통일을 해야 한다. 그래야 우리가 살아나고 미래 세대에게 희망을 줄 수 있다.

　1995년 이후 북한은 경제적 붕괴와 식량난으로 300만 명이 굶어죽었다. 형제들이 민족사 최대의 비극을 맞아 굶어 죽는 것을 알면서도 우리는 어떤 도움도 주지 않았다. 과거 냉전시대의 유물에 휩싸여 형제가 굶어 죽어 가는데 도움을 주기는커녕 굶어 죽으라고 조장했다. 이명박 정부는 한 발 더 나아가 북을 돕는 행위도 처벌하겠다고 했다.

　남한의 많은 사람은 통일에 관심이 없으며 북한 줄 돈이 있으면 우리에게 나누어 달라고 요구한다. 그리고 통일을 비용으로 생각한다. 통일이 되면 우리 먹을 것을 북한에 나누어줘야 하고 그러면 살기가 더욱 힘들 것이니 굳이 통일을 할 필요가 있느냐고 반문한다.

하루 빨리 이러한 근시안적인 시각을 바꾸어야 한다. 분단된 우리 민족은 작은 사건 하나만 발생해도 항공모함이 들어오고 준 전시상태로 들어간다. 정권이 바뀌면 전임 정권이 힘들게 닦아 놓은 평화의 노력도 한순간에 물거품이 된다. 언제든 저들을 밟아 버리고 무너트릴 수 있다는 오만한 생각이 통일을 가로 막고 있다. 국민 300만이 굶어 죽어도 버티는 나라가 북한이다. 그들 나름의 힘이 있는 것이다.

북한은 정권이 바뀔 때마다 정책이 바뀌는 남한과는 지속적으로 협력하기 어렵다고 볼 것이다. 그래서 남한과의 협상을 포기하고 핵을 택했고, 세계에서 유래가 없는 3대 세습제를 택하며 수많은 사람이 굶어 죽는데도 고립의 길로 들어섰다. 생존을 위해서 중국과 협력을 강화하고 중국의 힘을 빌려 살길을 찾는 방향으로 전환하고 있다.

거의 모든 면에서 북한보다 우월한 우리는 최근 10여 년, 북한을 끌어안고 통일을 할 수도 있었다. 그런데 그 기회를 살리지 못했고 이명박 정부는 힘들게 만든 관계마저 파탄 냈다. 피 한 방울 섞이지 않은 이스라엘 부족 조상들의 이름은 줄줄 외우면서도 민족의 근현대사, 일제강점기, 독립운동사에 대해 아는 게 없는 뿌리 없는 사람들이 정권을 운영했다. 역사의식이 없으니 하는 행동이 동네 꼬마들 땅 따먹기 하는 수준과 다르지 않았다. 북한과 관련하여 벌이는 정책들을 보면 무식하고 유치함의 끝이 어디인지 갈 데까지 가는 막장의 완결판을 보여 주었다.

성숙한 시각에서 남북 관계를 바라볼 필요가 있다. 우리가 쓰다 남은 것만 보내도 그들은 살아난다. 우리가 힘이 있을 때 북한을 도와야 한다. 통일을 하는 것이 남북 모두에게 유익하며 우리 후손의 미래를 밝게 열어 줄 수 있다. 기성세대만 성취감을 맛보고 후손은 고통만 당하라고 할 수 없지 않은가? 우리가 이룬 성취보다 높은 성취를 이루게 할 수 있는 가장 좋은 선물은 통일이다. 3D프린팅, 유전생명공학, 로봇공학, 나노기술, 소재기술 등의 혁신 기술들이 있지만 성과를 거두기까지는 시간이 걸린다. 가장 확실하고 빠른 선물은 통일이다.

이제 여야를 떠나 거시적인 협의체를 구성하고 통일을 준비해야 한다. 보수와 진보가 나뉘어서 동네 땅 따먹기 같은 싸움을 그만하고 지혜롭게 통일을 준비하고 한걸음씩 전진해 나가야 한다. 우리나라 내부의 갈등은 장기적인 통일 전략을 합의하지 못하는 원인이다. 우리나라 내부에 여전히 존재하는 편협한 사상이 보수 진영의 시각을 제한하는 장애 요인이 아닌가 되돌아 볼 필요가 있다.

남한 내부의 갈등도 극복할 때가 되지 않았는가? 일제 강점기가 35년이다. 독립의 뜻이 있어도 일제의 회유와 핍박을 받으며 35년간 독립의 지조를 지키기가 쉽지 않았을 것이다. 한순간 일제에 협력한 사람 모두를 친일로 치부했다. 그러다 보니 일제강점기 순국

한 분들만 독립투사이고 나머지 대부분은 친일파가 되어 버린다. 실수한 것은 실수한 것이지만 그럼에도 잘한 것은 인정해 주는 넓은 마음이 필요하지 않을까?

또 박정희 대통령이 쿠데타로 정권을 잡은 것은 사실이다. 그러나 우리나라를 이 정도 먹고 살게 한 토대를 닦은 공로도 존중받을 일 아닐까? 남한 정부의 정통성을 부인하고 북한 정권의 정통성을 더 높게 평가하는 일부 사람들의 균형 없는 시각도 이제는 바뀌었으면 좋겠다. 우리가 살고 있는 이 땅의 근현대사가 창피하기도 하고 정통성이 부족해 보일 수도 있다. 그래도 이해하며 보듬고 가야 할 우리의 일부다.

남한은 내부 갈등이 있지만 압도적인 힘과 경제력이 있다. 전쟁 대신 대화를 선택하고 적극적으로 동독을 배려하고 지원한 서독 같은 성숙함이 필요하다. 통일은 우리만 좋고 저들은 불행한 방법으로는 불가능하다. 서로를 인정하고 존중하며 함께 발전하는 방안을 찾아야 한다. 나날이 고립되어 힘겨운 생활을 하는 북한의 동포에게나 결혼, 취업, 출산을 포기한 우리 미래 세대에게나 똑같이 통일은 중요한 과제다.

통일에 들어가는 돈은 비용이 아니라 투자라는 생각으로 통일 문제를 바라봐야 한다. 평화통일로 인해서 우리 민족이 다시 도약을 할 수 있다. 통일을 통하여 우린 새로운 희망을 만들어 낼 수 있다. 남한과 북한을 합쳐 인구가 8천만이다. 최소 이 정도 인구가 되어야 영향력을 행사할 수 있는 국가로 존재할 수 있다. 남한은 성장

동력을 잃었고 북한은 성장 발판이 필요하다. 힘을 합하면 새로운 발전의 시대를 열 수 있다. 이것이 민족 전체에게 이익이 되는 확실한 자산 증식 방법일 것이다.

포도재무설계의 상담사들이 통일에 관심을 갖는 이유는 숱한 상담을 통해서 사람들의 원하는 바가 무엇인지 알기 때문이다. 국민들은 행복한 현재와 미래, 잘 먹고 잘 사는 것을 원한다. 그렇기 위해서는 통일이 가져올 긍정적인 요소를 고민해 볼 필요가 있다. 빈부격차, 기회 불균등, 청년실업 등 성장의 한계로 나타난 구조적인 문제들을 해결하고 미래 세대에게 새로운 희망을 만들어 줄 수 있는 것이 바로 통일이다.

정치가 답을 내놓아야 한다

  고객을 만나 상담을 하면 답이 없는 상황에 놓일 때가 있다. 우리 사회에는 개개인의 노력만으로는 도저히 해결할 수 없는 어려움에 처한 사람이 생각보다 훨씬 많다. 이런 분들을 만난 재무상담사들이 공통적으로 하는 말이 있다. 정부가 정책을 제대로 만들어서 어려움을 해결해 주고 사람들에게 돌파구를 마련해 주어야 한다는 것이다.

  정치가 해결해야 할 과제는 무수히 많지만 여기서는 크게 두 가지만 이야기하겠다. 첫 번째는 교육비다. 아이를 웬만큼 교육시키려면 초등학교 때부터 보통의 경우 자녀 한 명에게 공교육 비용을 제외하고도 매달 100만 원 가까이 들어간다. 강남은 기본이 200만 원이고 월 400만 원을 지출하는 부모도 부지기수다. 이렇게 해서는 살 방법이 없다.

수많은 사람이 교육비 문제로 고통을 겪고 있다. 공교육비에 막대한 사교육비까지 얹혀 다른 나라들보다 훨씬 많은 교육비를 지출하며 자식을 키운다. 온 국민이 신음하는 현재의 상황을 개선할 필요가 있다. 공교육에 대한 투자를 늘림과 동시에 공교육의 수준을 대폭 올려야 한다. 교육에 대한 지출 확대가 삽질하는 정책보다 효과적임은 이미 여러 지표로 나와 있다. 정부는 이념 싸움을 그만 두고 이 문제부터 해결할 지혜를 모아야 한다. 자녀를 둔 모든 부모가 신음하고 있다, 제발 살려달라고.

두 번째 과제는 부동산이다. 얼마 전 모 신문사 기자와 삼겹살을 구워 놓고 이런저런 이야기를 나누었다. 그가 "백세시대 저성장 저금리 시대인데 어떤 자산 운영 전략을 수립해야 하느냐?"라고 물었다. 그 말을 듣자 화가 났다.

"당신이 기자요? 기자라면 나름의 시대의식, 사명의식이 있어야 하는 것 아닙니까? 지금 돈 이야기가 나옵니까? 세상 돌아가는 것을 알고 하는 소리예요? 어떤 사람이 월급 450만 원을 받아 아끼고 절약해서 일 년에 600만 원을 저축한다 칩시다. 전셋값이 1년에 5천만 원이 뜁니다. 이 사람은 어떻게 살아야 합니까? 이보다 더 못한 사람이 엄청나게 많은데 어찌 사냐고요? 제발 이런 걸 기사로 쓰세요. 그래야 사람들이 살아갈 수 있습니다."

필자는 카지노 판의 자산운영 말고 사람들을 정말 힘들게 하는 근본적인 문제에 대해서 이야기하고 싶었다. 월급 450만 원쯤 받는

40대 가장이면 중산층에 속한다. 국민의 한 사람으로서 이 사람은 열심히 일하고 국가와 사회에 기여했다. 세금도 불평 없이 내고 한 푼이라도 덜 쓰고 아끼며 모았다.

그런데 전셋값 폭등은 성실한 사람들의 꿈과 희망을 한 번에 무너트린다. 거미줄을 치고 줄에 의지해서 사는 거미보다 불쌍한 신세가 아닌가. 하물며 거미도 집에 발이 묶여서 죽을 고생은 하지 않는다. 그런데 수많은 사람이 폭등한 전셋값을 마련하지 못해서 잠도 이루지 못한다.

누군가 지속적으로 참여하는 자가 있어야 여기서 나는 수익이 배분될 수 있다. 하지만 이것이 중단 되면 전체가 무너진다. 이를 폰지 사기(ponzi scheme)라고 한다. 폰지는 약정된 수익금을 지급하고 다른 투자자에게 재투자받아 전 투자자에게 수익을 주는 수법이다. 지금의 부동산이 그런 형국이다. 인위적인 정책의 결과물로 청년들이 폭탄을 넘겨받았다. 백 번을 생각해 봐도 지금의 30~40대는 정치와 기성세대의 탐욕으로 인한 희생물이라는 생각을 떨칠 수 없다.

2002부터 2008년까지 폭등한 집값에 많은 사람들의 발목이 잡혔다. 이후 그냥 내버려 두었으면 많은 이들이 고통을 받긴 해도 지금쯤은 집값이 안정되었을 것이다. 그런데 인위적인 부동산 정책으로 더 많은 문제가 생겼다. 최근의 전셋값 파동은 인위적인 부동산 부양 정책이 만들어낸 정책의 실패이며 부동산 정책의 병폐를 고스란히 보여 주고 있다. 과거 정권은 물론이고 현 정부도 부동산 정책에서 뭐하나 제대로 하지 못했다. 모든 정권이 국민의 가슴을 멍들게 하고 희망의 싹을 밟아 버렸다.

필자는 부동산 가격이 오르면 4년 후 경기가 활성화되는 효과가 나타난다는 경제학자들의 주장에 절대 동의할 수 없다. 소비에 사용해야 할 돈이 모조리 부동산 구입과 상환에 들어가는데 어떻게 경기가 활성화된다는 것인지 납득하지 못하겠다. 책상에 앉아서 머릿속으로 이런저런 그림을 그릴 게 아니라 현장에 나와서 두 눈으로 직접 봐야 한다.

미국도 그렇지 않느냐는 무능력한 소리 하지 말고 장기적인 정책을 내놓아야 한다. 곪을 대로 곪고 터질 대로 터졌으며 그 상처를 결국 국민들이 몸으로 때우고 있다. 정치가 한 것은 혼란과 고통을 준 것 뿐이다. 어느 정권도 제대로 된 정책을 내놓지 못했다. 정치는 국민의 삶이 편안할 수 있는 부동산 정책을 공권력을 동원해서라도 수립해야 한다. 전세보다는 월세가 향후 흐름이라는 말로 면피하려고 해서는 안 된다. 정권 재창출에 연연하지 말고 여야가 합의하여 흔들리지 않고 유지할 장기 계획이 필요하다. 그럴 능력이 없다면 정책 수립에 있어서 신중하라. 여기서 더 이상은 국민을 절망시키지 않길 바란다.

004
그래도 희망을 말하자

목표를 세우자

청년들에게 꼭 들려주고 싶은 필자가 겪은 이야기가 있다. 회사 근처에 있는 헬스클럽에 다녔을 때다. 일 년 이용권을 끊어 놓고 흐지부지, 헬스클럽에 안 가버리는 사태를 막기 위해서 개인 지도를 받았다. 필자를 가르쳤던 트레이너는 체육대학에서 생활 체육을 전공한 스물일곱 살의 멋진 청년이었다. 운동하는 법을 잘 가르쳐 주었다. 이 친구 덕분에 운동도 재미있고 군살도 팍팍 빠졌다. 운동에 관한 한 멋진 사부님이었다.

근데 이 친구를 만날 때마다 눈빛에 힘이 없는 것을 느꼈다. 헬스클럽에서 운동을 가르치는 일에 대해서도 재미를 붙이지 못했다.

"김 선생은 꿈이 뭡니까?"

갑작스러운 질문에 트레이너가 당황했다.

"김 선생이 생각하는 삶의 목표가 있을 거 아니에요. 무엇을 이루기 위해 여기서 일하는지 그게 궁금해서요."

그는 여전히 대답이 없었다.

"여기는 잠시 있는 곳인가요? 아니면 무엇을 이루기 위해 거치는 과정입니까? 나중에 정말 이루고 싶은 꿈이 무엇인지 그걸 묻는 겁니다."

할 말이 없어 보이는 트레이너에게 필자는 이렇게 제안했다.

"그럼 다음에 만날 때까지 진지하게 생각해 봐요. 사는 거 힘들고 피곤해도 목표가 있으면 재미있어지거든요."

트레이너는 다음 번 만남에서 두 개의 인생 목표를 털어놨다. 하나는 지금과 같은 규모의 헬스클럽 사장이 돼서 경영하는 것이고, 나머지 하나는 유명한 연예인의 개인 트레이닝 선생이 되는 것이라고 했다. 이 목표를 이룰 시간을 5년으로 잡았다고 했다.

"목표는 잡았는데 사실 이룰 수 있을지, 없을지 확신이 안 섭니다. 그리고 확신있다고 해서 목표가 이루어지는 것도 아니죠."

하루 날을 잡아서 둘이서 진지하게 야이기를 나누었다. 목표를 이루는 데 있어서 제일 걱정되는 일이 무엇이냐고 했더니 그는 이렇게 대답했다.

"과연 이룰 수 있을지가 의문이에요. 저는 가진 것도 없고 부모님도 도와주실 형편이 안 되거든요. 제 월급으로 5년 후에 이런 헬스클럽 차리는 건 불가능해요. 목표를 정하라고 해서 잡기는 했는데 불가능하다고 생각을 하니 꼭 해야겠다는 생각이 들지 않아요."

"무슨 소립니까. 스무 살이 넘으면 부모님 도움받지 않는 건 당연한 겁니다!"

필자의 말에 트레이너 놀라는 눈치였다. 계속해서 목표를 이루는 구체적인 방법에 대해 이야기를 나눴다.

"김 선생, 지금 내가 시키는 것 몇 가지만 꾸준하게 해봐요. 만약 그대로 했는데도 목표 달성이 안 되면 내가 헬스클럽 차려 줄게요."

그가 눈을 번쩍 뜨며 해보겠다고 했다. 필자는 이 친구를 데리고 화장실로 갔다.

"여기 냄새 나죠? 두 시간 간격으로 와서 청소해요. 누가 시키든 안 시키든 해봐요."

다음은 샤워실로 데리고 갔다.

"아침저녁으로 수시로 들여다봐요. 배수구 청소하고 비누 떨어지지 않게 관리하고요. 형광등 있죠? 이것도 깜박거리면 바로 갈아요. 이런 일 꾸준히 하면 목표 이룹니다."

트레이너는 이해할 수 없다는 표정이었다.

"내 말 믿고 해봐요."

헬스클럽에서 트레이너로 일하는 이들은 열 명도 넘었다. 운동 가르치는 것도 힘들고 바쁜데 잡일까지 하려니 쉽지 않다. 더 힘든 건 동료나 선배들의 눈치다. 왜 쓸데없는 일을 해서 여러 사람 피곤하게 하느냐 그런 눈치. 그런데 정말 석 달 후에 좋은 일이 일어났다. 이 친구의 급여가 올라간 것이다. 이 친구가 잡스러운 일을 열심히 하는 것을 보고 사장이 특별히 올려 준 것이다. 당연한 일이다. 필자가 사장이라도 월급을 올려 주었을 것이다.

필자는 그에게 책도 몇 권 사주었다. 열심히 하는 모습이 보기 좋아서 시간을 내서 조언을 해도 아깝지 않았다. 읽을 책의 목록을 작성해 주고 잔소리도 했다. 그리고는 또 조언을 해주었다. "출근을 가정 먼저하고 퇴근을 가장 늦게 하라", "가장 먼저 출근해서 환기 시키고 차를 몇 잔 준비해서 동료들에게도 주고 사장님에게도 대접하라", "마치면 문단속 다하고 전기 단속 다하고 퇴근하라."

이 친구는 이 말을 잘 이해하고 열심히 해냈다. 그러자 몇 달 후 또 좋은 일이 일어났다. 헬스클럽 사장이 그 친구를 총괄 매니저로 승진시키면서 급여도 대폭 올려 주었다. 이 친구가 후배들을 채용하고 트레이너 일을 가르치기도 했다. 고객 관리하는 법도 배워서 그대로 실행했다. 자신을 믿고 따라온 후배들에게 개인 트레이닝 고객을 넘치도록 만들어 주었다. 그는 3년 후에 정말 꿈을 이룰 수 있게 되었다.

청년들이 살기에 정말 힘든 세상인 것을 안다. 그렇다고 꿈까지 포기하면 안 된다. 지금까지 성과를 거두지 못했다면 목표를 정하는 것부터 다시 시작해 보는 게 어떨까?

지금에 와서 청년시절을 돌아보면 분명하게 기억나는 것이 있다. 일단 하고 싶은 일이 많았다. 경험하고 싶고, 가보지 못한 곳에 가고 싶고, 도전도 해보고 싶었다. 외적인 것에도 관심이 많았다. 좋은 직장, 좋은 집, 좋은 차, 멋진 애인 이런 것을 모두 소유하고 싶었다. 가끔은 이런 목표가 몸을 움직이고 도전하게 하는 동기로 작용했다.

나이를 먹으면 다른 데서 행복을 찾는다. 길거리 화단의 꽃들이 눈에 들어 온 것이 마흔을 넘기고 나서부터다. 그 전에는 길거리 화단에 꽃이 심어져 있는지도 의식하지 못했다. 남해의 자전거 길을 달리다가 봄날의 파스텔 톤 산을 보고 아름답다고 느낀 것 역시 마흔 즈음이다.

청년 시절에는 어떤 목표를 세우고 치열하게 집중해서 살 때 경험도 쌓이고 행복도 느낀다. 그렇게 살아야 나이 든 후에 작은 행복을 느낄 마음의 공간도 생긴다. 희망이 없다고 해서 꿈도 꾸지 말라는 법은 없다. 목표를 세우는 것부터 시작하자.

절대로, 절대로 빚을 지지 말자

　많은 대학생이 한 학기에 수백만 원이 넘는 등록금을 내기 위해 학자금 대출을 받는다. 취업하면 월급으로 대출금을 갚을 수 있을 것이라고 생각한다. 그러나 극심한 취업난 탓에 학자금을 제 때 갚지 못하는 청년들이 크게 늘고 있다.

　전국 4년제 대학의 2015년 평균 등록금은 636만 원이다. 대학교육연구소의 보고에 따르면 2015년 신입생 기준 등록금을 포함한 대학 교육비가 연간 1,500만 원에서 2,300만 원 정도 필요한 것으로 나타났다. 입학에서 졸업까지 들어가는 총비용은 8,150만 원이나 된다.

　등록금이 다가 아니다. 경쟁은 끝이 없다. 소위 스펙을 쌓기 위한 비용 또한 부담이 되고 있다. 취업을 잘 하기 위해서는 외국어, 자격증, 공모전, 어학연수라는 스펙 4종을 쌓아야 한다. 그 비용 또한 개인이 모두 지불해야 하며, 매해 증가하고 있다.

대다수 청년들은 대출을 받거나 아르바이트를 해서 돈을 마련하려고 하는데 부담이 크다. 휴학하고 돈을 벌어도 모자랄 지경이다. 힘들게 들어간 일자리마저 인턴이나 계약직인 경우가 많다. 부채 상환이 어려워 청년 부채 문제를 더욱 가속화시키고 있다. 취업이 되면 그나마 다행이다. 취업의 기회조차 없어 발만 동동 구르는 청년들도 적지 않다.

만 15~29세 청년 실업률은 2012년 7.5%에서 2013년 8%, 2014년에 9%, 2015년 상반기에는 10.1%로 꾸준히 높아지고 있다. IMF로부터 구제 금융을 받은 이듬해인 지난 1999년(10.9%) 이후 가장 높은 수준을 기록하고 있다.

청년 부채가 늘어남에 따라서 청년의 신용 하락이 심각해지고 있다. 이즈음에서 청년들이 반드시 명심해야 할 말을 하고자 한다. 돈은 중요하다. 특히 카지노 경제 체제에서 돈

은 더욱 더 중요하고 빚을 지지 않는 것은 정말로 중요하다. 청년들은 직장이 좋은 직장이든 아니든 간에 빚을 지지 말라! 절대로, 절대로 빚을 지지 말아야 한다. 돈이 없으면 쓰지 말아야 하고 빚을 지면 안 된다.

저축은행과 대부업체 같은 곳의 돈을 쓰면 쓰는 동안 잠시는 좋겠지만 이후 인생이 꼬이기 시작한다. 감당하기 힘든 고통의 연속이 시작된다. 빚을 내서 생활을 하다 신용에 문제가 생기면 기회가 와도 잡을 수 없다. 카지노 업자들이 여러분의 고통으로 돈을 벌기 위해 그렇게 만들어 놓았다. 여러분은 사막을 걷고 있는 개미다. 여러분을 빠져 나오지 못할 무덤으로 끌고 들어가는 개미귀신을 조심해야 한다. 필자는 이런 안타까운 사례를 너무나도 많이 보아왔다.

요즘 대부업체와 저축은행에서 가장 좋아하는 고객이 바로 대학생이다. 이들도 일반인 중에서 대출받을 사람을 찾기 힘들다는 것을 알고 있다. 대타로 찾은 사람들이 바로 대학생이다. 대학생이 빚을 지면 부모가 갚아 줄 것임을 이들도 알고 있다. 그래서 대학생이 가장 좋은 고객이다. 부모가 갚아주기 때문에 부실률이 낮다. 이렇게 카지노 판에서 한 번 돈을 빌리기 시작하면 말 그대로 인생이 피곤해진다. 처음부터 연을 맺지 말아야 한다.

너무하다 싶을 정도로 돈이 없다면? 그래도 빚을 내지 말라. 학비가 모자라도 휴학할지언정 빚은 쓰지 말라. 빚으로 융통한 돈이 바닥나는 순간 빚 갚을 고통과 신용불량이라는 굴레, 그리고 휴대전화마저 쓸 수 없는 상황이 된다. 생활은 해야 하고 취업은 안 되고 빚을 내지 않으면 어떻게 먹고 사느냐고? 그래도 일자리 구하려고 마음먹으면 아직은 구할 수 있지 않은가? 대학을 졸업하고도 빚으로 살아가고 있다면 삶의 태도를 바꾸어야 한다. 없으면 쓰지 말고 무슨 일이든 시작하는 게 먼저다.

희망을 위한 과제

누구나 마음속에 창고가 하나씩 있다. 여기에 이런저런 것들을 채우려고 틀을 만든다. 이 틀이 바로 가치관이다. 건강한 가치관은 바른 생각과 바른 행동을 낳는다. 돈을 많이 벌겠다는 생각보다는 훌륭하게 살겠다는 마음가짐이 필요하다. 미래와 국가, 더 나아가 세계의 발전에 기여하는 삶을 살겠다는 마음을 품어야 한다. 이기적인 가치관을 세우지 말고 사회, 민족, 국가를 생각하는 훌륭한 가치관을 세우자.

훌륭한 가치관을 세웠다면 이제 틀 안을 채우자. 틀 안에 채울 것들이 많다. 필자는 틀 안을 채울 요소로 지식을 제공하는 독서와 건강한 육체를 유지하는 운동, 마음을 맑게 닦아 주는 명상, 기도, 일기를 꼽는다. 청년들이 마음속의 창고를 좋은 것들로 충만하게 채운다면 뭐든 이룰 수 있다고 확신한다.

이제 마음 창고를 풍성하게 채워보자. 좋은 생각과 좋은 정보, 그리고 좋은 지식을 공급하자. 오락, 게임, 술, 무협지, 도박 이런 것을 채우면 창고는 썩은 냄새를 풍길 것이다. 독서는 성공의 필수 요소다. 지하철로 이동하는 시간에 게임 안하고 책을 읽으면 한 달에 두권은 읽을 수 있다. 게임을 하던 책을 읽든 자신의 선택이지만 결과는 하늘과 땅만큼 다르다.

독서

한 달에 두 권 이상 좋은 책을 반드시 읽기를 바란다. 책을 사서 생각날 때마다 펴보자. 공감 가는 글은 포스트잇 등으로 표시해 놓고 언제든 다시 볼 수 있게 하자.

정말이지 좋은 책을 많이 읽기 바란다. 어느 방면 일가를 이룬 분들이나 성공한 이들의 공통된 취미는 독서다. 책은 우리에게 좋은 영감을 준다. 열정을 불타게 해주고 나를 돌아보게 한다. 나를 성장하게 하는 자양분을 공급하고 나의 향기를 아름답게 한다. 향기 나는 생각과 행동을 하는 사람은 누구나 좋아한다. 책 한 권이 사람의 인생을 변화시키는 일도 많다.

좋은 생각으로 마음속 창고를 채우면 나를 나타내고 드러내는 힘이 된다. 새로운 세상을 알게 해주고 하는 일을 더 잘 할 수 있는 힘이 되어주며 새로운 가능성과 기회를 보고 움직이게 하는 에너지가 될 것이다.

운동

마음을 채웠다면 이제 건강을 관리하자. 살아갈수록 건강한 육체에 건강한 정신이 깃든다는 말에 공감하게 된다. 몸의 활력을 항상 높게 유지하고 밤에 자고 낮에 활동하는 정상적인 생활을 해야 한다. 왜냐하면 체력이 약하면 의기소침해지기 쉽기 때문이다. 일상생활에서 간단한 운동만으로도 체력을 유지할 수 있다. 저녁 무렵 달리기를 하거나 일어나 절을 백 번 하는 것도 좋다. 주말에는 등산을 하거나 땀이 흠뻑 젖을 정도로 뛰어 보자. 탁구 혹은 테니스, 축구처럼 땀을 많이 흘릴 수 있는 운동을 꾸준히 하라.

육체의 활력은 독서로 습득한 좋은 지식을 실천하는 데 도움이 된다. 상황이 힘들어지면 웅크리기 쉽고 움직이지 않는다. 그러나 이럴 때일수록 몸을 움직여야 한다. 움직이면 활력이 돌고 걱정하던 일도 별것 아닌 것을 알게 된다. 땀을 빼고 움직이면 새로운 방법이 보인다. 규칙적으로 운동하길 바란다. 매일이 밝고 건강해질 것이다.

명상(기도, 일기)

끝으로 잠깐이라도 시간을 내서 마음을 맑게 만드는 것은 보약을 먹는 것만큼이나 중요하다. 아침 혹은 저녁에 명상이나 기도를 하는 것은 삶의 방향과 좌표를 잡아주는 역할을 한다. 기도는 큰 위로와 힘이 되며 하루를 내 의지대로 살아가게 한다.

"하나님, 따뜻한 집에서 잠을 자고 가족과 함께 생활할 수 있게 하시고 따뜻한 밥을 먹게 해주신 사랑과 은혜에 감사드립니다."

필자가 아침마다 드리는 기도다. 이런 기도를 하게 된 계기는 IMF를 겪던 시절 가족과 떨어져 지내며 끼니 걱정을 한 경험이다. 이런 나에게 지금의 생활은 그 자체만으로도 너무나 감사하다. 명상과 기도는 화낼 일도 참게 해주고 타인에 대한 긍정의 마음을 유지시켜 준다.

일기를 쓰는 것도 자신의 성장과 발전을 위하는 일이다. 필자는 아침에 출근하면 곧바로 일기를 쓴다. 이런 습관은 2001년부터 시작되었다. 이 일기는 우리 아이들과 후배들에게 남겨줄 선물이다. 일기를 쓰면서 한 번 더 마음을 다진다. 일기를 통하여 감정을 조절하게 되고 해야 할 일을 다시 확인한다. 그리고 스스로 세운 삶의 목표와 지금의 나의 생활을 한 방향으로 일치시키는 시간을 갖는다. 일기를 쓰면서 목표와 현실과 일치시킨다. 나약해지거나 풀어진 마음을 다시 조이고 다잡게 된다.

침묵하지 말라

　침묵하지 말라. 청년들에게 꼭 하고 싶은 말이다. 세월호 사건 이후 "가만히 있으라"는 말이 화제가 되었다. 가만히 있는 것이 미덕이라고 생각하고 순종적인 교육을 받아온 젊은 세대들, 그래서인지 이들은 좀처럼 싸우려 들지 않는다. 너무나 착하고 온순하기만 하다. 왜 여러분은 잘못된 것을 바꾸기 위해 싸우지 않는가?

　일할 의지가 있고 노력하면 누구나 먹고 자고 아이들 가르치는 데 걱정이 없어야 한다. 우리가 가진 것만 나누어도 이 정도 문제는 충분히 해결할 수 있다. 그런데도 세상이 불공평해서 문제가 생긴다면 싸워야 한다. 다행히도 지금은 군사독재 시절이 아니다. 합법적인 방법으로도 얼마든지 여러분의 힘을 조직하고 사회 불평등을 이야기하고 개선하기 위해 투쟁할 수 있다.

여러분이 겪는 불평등은 여러분이 무능해서가 아니라 불평등의 문제다. 청년들은 개인의 문제에 매몰되지 말고 이 사회의 구조를 개선하는 일에 적극 나서야 한다. 지금 청년들이 겪는 고통은 과거 군부독재 시절의 불합리와 폭압으로 인한 고통만큼이나 심각하다. 과거에는 쿠데타로 정권을 잡은 사람들이 문제였다.

지금은 카지노 경제가 많은 사람들을 고통스럽게 한다. 정치가 무능해서 여러분의 꿈과 희망을 무너트린다면 싸워야 한다. 우리 기성세대들의 탐욕과 이기주의, 개인주의 역시 여러분을 힘들게 하는 공범이다. 여러분을 억압하는 환경에 대하여 여러분이 스스로 해결하려는 의지를 가져야 한다. 청년이 나서서 현실과 싸워야 한다. 이 상황을 누군가가 대신 해결해 주기를 기다리지 말라.

청년 시절, 필자는 친구들과 목숨 걸고 군부독재와 싸웠다. 잘못된 구조에 맞서서 대학생활을 접고 공장에 들어가 노동자로 살았다. 옳다고 믿는 신념을 위해 모든 것을 걸고 싸웠다. 항상 당당했고 누구보다도 자신에 차 있었으며 두렵지 않았다. 그렇게 살아본 힘은 평생을 이끌어주는 토대가 되었다.

청년들이 개인주의와 이기주의에 고립되고 부자 만들기 인터넷 카페나 들락거리고 스타들의 현란한 춤에 넋이 나가 있고, 밤새도록 술 먹고 노는 일에 빠져 있으면 이 나라에 희망이 없다. 대학가 주변은 밤이 되면 술과 향락으로 불야성을 이룬다. 정의와 학문과 공동의 가치를 말하는 청년을 찾을 수가 없다. 담배꽁초와 전단지가 거리를 뒤덮고 새벽이 되면 온갖 악취로 숨쉬기가 힘든 곳이 대학가다.

여기에 개인적인 문제만 걱정할 뿐, 공공의 문제를 고민하는 젊은이들이 없다. 뭉쳐서 문제를 해결하고자 하는 여정과 의지는 없다. 청년들이 스스로를 지키려고 나서지 않는 한 세상은 철저하게 여러분을 기성세대의 하층민으로 살게 할 것이다. 그들이 일거리를 주면 일을 하고 일을 주지 않으면 굶게 될 것이다. 자고 일어나면 치솟는 부동산, 시간이 갈수록 줄어드는 정규직 일자리, 결혼도, 연애도, 취업도 포기해야 하는 세대……

총학생회는 스타들 불러서 공연 기획하는 곳이 아니다. 캠퍼스에서 술 마시는 것을 금지했다고 보건복지부 앞에 가서 농성하는 행동은 젊음이 아니다. 청년들이 스타들의 현란한 춤에 열광하고 게임에 몰두하고 의미 없는 오락 프로그램에 넋을 잃고 살아가면 국가도 희망이 없고 여러분도 설 자리를 잃게 된다. 개인주의와 이기주의에 빠져 사회 문제에 관심을 갖지 않으면 평생 변변한 일자리 하나 얻지 못하고 살아가게 된다. 청년들은 명심하길 바란다. 그대들은 올바른 가치관을 가져야 한다. 깨어 있어야 한다. 청년이 바른 시대정신과 바른 정치의식과 역사의식을 가져야 한다. 우리 사회를 올바른 길로 견인하고 행동할 줄 아는 청년이 되길 바란다. 청년들이 당당한 주장과 바르게 행동하는 순간, 세상은 여러분을 당당한 주역으로 인정하고 자리를 내줄 것이다.

005
새로운 도전, 리스타트!

느리게 가더라도 **바르게** 가자

1988년, 서울 구로공단에 신애전자라는 전자회사가 있었다. 이 회사의 노동자들이 이래서는 도저히 먹고 살 수 없다고 판단하고 파업을 벌였다. 그 당시는 노동부도 정부도 노동자의 편이 아니었다. 노동자들은 머리채를 잡히고 백골단의 구둣발에 밟히면서도 생존권 확보를 위해서 투쟁했다. 그 시절 필자도 그곳에 있었다. 새벽별을 보고 출근하고 퇴근해서 받은 월급이 14만 원. 닭장 집 월세 7만 원을 내면 한 달 생활비 7만 원이 남았다. 급여 절반을 집을 유지하는 데 써야 했다. 아침에 일어나면 나도 모르게 욕이 튀어 나왔다.

그때 만났던 구멍 난 양말을 신은 국회의원 노무현을 아직도 기억한다. 군부독재 서슬이 퍼렇던 때라서 야당 국회의원을 누구 하

202

나 알아주지도 않았다. 힘 빠지고 상처투성이인 노동자를 위로하러 국회의원 노무현이 찾아 왔다. 노동자의 어깨를 다독이며 노동부 관리들과 맞서던 모습이 떠오른다. 그로부터 27년이 흘렀다.

필자는 가끔씩 27년 전 그 시절과 지금을 나란히 놓고 바라본다. 도대체 무엇이 바뀌었나? 1988년 무렵 닭장 같은 방의 월세로 월급의 절반을 내고 살던 시대와 지금은 언뜻 보기에는 달라진 것 같지만 본질은 꼭 닮아 있다. 그때도 가진 사람들이 문제였다. 돈을 가진 사람들, 힘을 가진 사람들이 희망의 싹을 밟아 버린다. 서민들은 그때나 지금이나 돈이 없다. 과거에는 수입이 적어 살기 힘들었고, 지금은 수입도 적지만 엄청난 부채 때문에 힘들어 한다. 어떻게 해야 우리 모두가 행복할 수 있을까?

금융업계에 일하면서 이 분야에 종사하는 사람들을 많이 만났다. 많고 많은 사람들 중에 바른 사람을 만나는 것은 쉽지 않은 일이다. 연봉을 많이 받는 외국계 기업일수록 개인주의적 속성은 더욱 두드러진다. 눈속임을 하거나 회사와 조직의 이익을 극대화하는 것에만 촉각이 발달해 있다. 오직 승진과 성과에만 관심이 있다. 고객이 무엇을 원하는지, 무엇을 요구하는지, 어떤 어려움을 겪는지 헤아리는 금융기관은 거의 없었다. 이윤 창출이 기업의 목표이고 존재 이유라 생각하면 이해할 수 있지만 한편으로는 아쉬움이 남았다.

17년 전 사업을 시작하고 초기에 있었던 일이다. 거래하던 보험 회사의 임원 한 분이 서울에서 울산까지 찾아왔다.

"명절도 다가오니 이거 떡값으로 보태시죠."

봉투에는 두둑한 돈 뭉치가 들어 있었다.

"이거 무슨 돈이죠?"

"명절이니 쓰시라고요."

"저에게 주시는 건가요, 아니면 회사에?"

"라 대표께 개인적으로 드리는 것이니 알아서 쓰시면 됩니다."

"이사님, 이런 식으로 하시면 저희는 더 이상 함께 일 못합니다. 다시 여쭙니다. 우리 회사가 정당하게 받아도 되는 돈인가요? "

그렇다는 답을 듣고 곧바로 총무를 호출했다. 총무에게 돈을 건네며 이야기했다.

"이 돈은 우리 회사에 지급하는 명절 선물 값입니다. 직원들 선물 구매 시 보태시고 어느 회사가 보낸 호의인지 모두에게 알려주시기 바랍니다."

우리 회사가 추구하는 바를 몇 번씩 설명했는데도 이런 일이 종종 있었다. 필자는 정말 제대로 된 일을 하고 싶었다.

돈 문제로 힘들어 하는 사람들에게 필요한 존재이고 싶었고, 그들을 돕는 일에서 존재의 이유를 찾고 싶었다. 땀 흘려 일하는 사람들의 가정 경제를 지켜주고 싶었고, 노동자들에게 진정 필요한 일을 하고 싶었다. 제대로 된 일을 정말이지 미치도록 하고 싶었다. 뒷거래 하면서 돈맛에, 지저분한 관행에 길들이려는 그들의 얕은 수법이 너무나도 싫었다. 우리에게 필요한 것은 봉투에 담긴 떡값이 아니었다. 우리와 협력하고 도움을 줄 진정한 파트너였다.

이 일이 있고 몇 가지 원칙을 확고히 세웠다.

" 거 래 하
는 회사는 물
론 금융권에 근
무하는 사람들과도
술자리를 하지 않는
다."

"식사 제공도 받지 않
는다. 어쩔 수 없이 받을 경우, 식대는 우리가 먼저 계산한다."

몇 해 전에는 이런 일도 있었다. 그 무렵 회사의 방향성에 대해
진지하게 고민했는데, 보험회사에서 일했던 분이 조직을 이끌고 들
어오겠다고 제안했기 때문이다. 물론 약간의 보상을 해달라는 조
건이 따라 붙었다. 조직을 키울 수 있는 기회 같아서 고민스러웠다.
이때 조직을 키웠으면 금방 큰 조직으로 성장할 수 있었다. 하지만
잘못되면 객관적인 재무상담을 표방하는 회사를 포기해야 할지도
모를 일이었다. 상품 판매로 무게 중심이 변할 가능성이 높았다. 많

은 회사들이 새롭게 나타나서 필자의 회사를 위협하며 성장하는 시기였다. 고민이 날로 깊어 갔다.

조언해 줄 사람이 필요했다. 친분이 있던 선배를 찾아 가서 자문을 구했다. 선배는 대뜸 이렇게 말했다.

"라 대표, 그들이 부럽나. 덩치를 키우고 싶어? 회사 세운 목적이 뭔지 기억해 봐. 큰 기업 임원들 내가 많이 아는데 행복하다는 사람 못 봤다."

그러면서 조용히 말씀을 이어 가셨다. 이때 들은 조언을 금융운동 하는 내내 굳게 지키리라 결심했다. 이를테면 나 자신과의 약속이 된 셈이다.

뭐든 한 번에 하려고 서두르지 말라. 젊은이에게는 무엇을 금방 이루려고 하는 조급증이 있다. 나의 현실은 꼬리인데 생각은 이미 머리 꼭짓점에 가 있다. 그러다 보니 조금만 힘들면 포기하거나 중단한다. 기본적인 것을 꾸준히 하는 것이 중요하다. 회사 이름을 일부러 알리려고 말고 그 시간에 내부를 잘 다듬어라. 가만히 있어도 향기 나는 꽃이 되어야지 일부러 꾸미려고 하지 말라.

광고한다고 회사가 커지나? 광고한다고 인재들이 찾아오나? 회사도 대로변에 비싼 데 얻을 필요 없다. 사장실도 검소하게 꾸며라. 작은 회사일수록 거품이 많다. 결국은 껍데기로 포장하는 것 아닌가? 부질없는 짓이다. 내용에 충실하라. 토대가 약한 화려함은 오래 못 간다.

내용 없는 성장은 의미가 없다. 혼란스럽고 오래 가지 못한다. 지금 상태를 유지하고 더 발전시켜라. 금융기관이 지원해 줄 때에는 그만한 이유가 있다. 지원을 받지 말라. 제휴하자는 업체들도 신중히 결정하라. 누가 손해 보며 제휴하자고 하겠는가? 거창한 일에 휩쓸리지 말고 지금 하는 일에 충실하라.

그때 선배가 한 얘기는 지금도 뚜렷하게 기억한다. 당시에 무분별한 이합집산을 감행한 조직들을 돈으로 매수한 회사는 결국 문을 닫았다. 돈으로 사람을 끌어 모았던 금융회사도 마찬가지다. 중심을 잡고 원칙을 지켰던 소수의 조직만 아직까지 생존해 있다. 양적 성장이 목표가 아니라 고객의 평가와 선택에 의한 성장이 핵심이다. 선배는 이 모든 것을 정확히 본 것이다. 그의 말이 옳았다.

느리게 가더라도 세상의 성숙에 기여하겠다는 마인드가 성장의 핵심이라고 생각한다. 10년을 50년을 100년을 경영하더라도 중심을 잡고 가는 것이 중요하다는 그분의 말씀에 공감한다. 덩치를 키우는 것만이 기업의 존재 이유는 아니다.

앞에서도 말했지만 노동운동을 하던 그 시절과 비교해서 지금도 크게 달라진 것이 없다. 대부분의 사람들은 여전히 고통받고 있다. 그래서 바른 상담과 바른 목소리가 필요하다.

건강한 가정 경제 만들기

Y 씨는 몇 년 전에 친구와 사업을 하다가 사기를 당했다. 모든 빚을 떠안으면서 고난이 시작되었다. 그는 어떻게든 상황을 해결하기 위해 무리해서 장사를 시작했다. 매상이 오르지 않아서 500만 원이 넘는 월세를 감당하지 못했다. 결국에는 빚만 더 지고 장사를 정리했다.

이후에 아내는 카페에서 아르바이트를 하고 Y 씨는 쇼핑몰 푸드코트에서 칼국수 장사를 시작했다. 마음이 급했지만 그러는 동안 빚도 눈덩이처럼 늘어나 있었다. 담보대출 1억 5천만 원에 신용대출이 7천만 원으로 부채가 총 2억 2천만 원가량이었고 한 달 이자만 440만 원에 가까웠다. 생활비에 가게 임대료, 유지비용까지 합하면 월 700만 원의 적자가 나는 상황이었다. 카드로 돌려 막아도 한계가 있었다. 이름을 대면 알만 한 대부업체 8군데에서 대출을 더 받았다.

"도저히 안 되겠어요. 집을 팔아야겠어요."

그러나 집 보러 오는 사람조차 없었다.

Y 씨의 재무상황을 분석해 보니, 다행히 그는 저금리 대출을 받을 자격이 되었다. 신용회복기금을 통해서 3,000만 원 정도 융통할 수 있었다. 그런데 그렇다고 해도 근본적인 문제를 해결하지 못할 경우, 같은 상황이 되풀이 될 것이 뻔했다. 총 21개나 되는 대출상품을 신용회복위원회나 개인회생, 파산 등 제도를 이용해서 통합시키고 매월 일정액씩 상환하는 것이 유일한 돌파구였다. 그런데 그러자니, 담보가 잔뜩 잡혀 있는 아파트가 걸림돌이었다.

부부는 일단 집을 매도한 뒤에 나머지 신용대출은 법률제도를 이용해서 정리하기로 결정했다. 힘든 결정을 한 부부에게 필자는 마지막으로 당부했다.

"가격을 낮춰서라도 집을 팔아야 합니다. 그리고 대부업체 추심이 만만치 않을 거예요. 마음의 준비를 단단히 하십시오."

한 달 뒤에 Y 씨로부터 집을 팔았다는 연락이 왔다. 급매로 아주 싼 가격에 아파트를 팔아넘긴 것이다. 담보와 가압류를 해결하고 나니 부부에게는 전세보증금도 안 될 금액이 남았다. 그들은 재개발 예상 지역에 월세로 들어갈 계획을 세웠다.

다음으로 남은 신용대출을 통합해서 해결하기 위해 법률 사무소의 도움을 받았다. 개인회생을 준비한 것이다. 개인회생이 진행되면 440만 원의 이자상환이 60만 원의 원금 상환으로 바뀐다. 수입이 워낙 적어서 60만 원의 원금 상환도 쉽지 않은 일이다. 그래도 힘든 상황에 빠지지 않기 위해서 두 사람 모두 열심히 노력했다.

"집은 마지막 자존심이었는데 어쩔 수 없지요. 그 집을 살 때 얼마나 기뻤는지 몰라요."

"집을 팔아서 큰 짐을 덜었다고 생각하셔야 합니다. 이제 새로 시작할 수 있잖아요."

"고맙습니다. 이렇게까지 되기 전에 도움을 받았더라면 좋았을 것 같아요. 너무 늦게 알았어요."

Y 씨 부부는 부채 때문에 홍역과 같은 큰일을 치렀다. 문제는 아직 상처가 곪아서 터지지는 않았지만 서서히 곪고 있는 가정이 굉장히 많다는 점이다. 빨리 알아차리고 조치를 취할수록 회생의 시간도 짧아진다. 그리고 빚 때문에 받는 고통도 훨씬 줄어든다.

항상 강조하는 것이 '상황이 더 악화되기 전에 심각성을 알아차려라' 는 것이다. 우리 집 가정 경제가 잘 운용되고 있는지 항상 검토하고 점검해야 한다. 그저 덮어놓고 괜찮겠지, 나아지겠지 했다가는 큰일 난다. 호우에 강물이 순식간에 불어나는 것을 본 적이 있는가? 빚도 마찬가지다. 눈 깜짝할 사이에 순식간에 불어나서 감당할 수 없는 덩치를 키우는 게 빚이다.

위와 같은 처지에 있는 사람들을 돕고자 포도재무설계는 2009년에 네이버와 손을 잡고 '건강 가정 만들기 캠페인' 을 추진했다. 이를 통해서 온라인상에서 개인이나 가계의 재무 건전성을 스스로 진단해 볼 수 있는 '재무 건강 진단 서비스'를 제공했다.

　이용자는 재무 건강 상태를 스스로 진단했다. 또 재무 상태가 심각한 경우 상담신청을 하면 무료로 상담해 주었다. 상담 후에 재활 의지가 확실하고 사회연대은행의 심사기준을 충족하면 자금을 지원해 주었다. 최고 2,000만 원의 창업 자금과 창업 컨설팅이 주어졌다.

　재무 건강 셀프 진단 서비스에는 10개의 문항에 '예', '아니오'로 답변하면 재무 상태를 4등급으로 분류해 주는 '간편 진단'이 있다. 또 자신의 소득 자산 부채 상황을 입력하면 재무진단 보고서를 출력해 주는 '정밀 진단' 코너도 마련했다. 이용자가 자신에게 맞는 서비스를 선택해 이용할 수 있어서 좋은 반응을 얻었다. 이외에도 과도한 부채 부담에서 탈출한 성공 사례와 가계 재무 건전성 회복을 위한 사회 인사들의 다양한 칼럼도 제공했다.

　대한민국의 파산 신청자가 12만 명을 넘어 섰고 그 수가 점점 많아진다. 급증하는 가계부채와 사금융 이용이 심각한 사회문제로 대두되고 있다. 네이버와 함께한 재무 진단 서비스는 부채에 대한 경각심을 확산시킨다는 것이 목표였다. 금융 소외 계층에게 재활 의지를 심어줄 수 있는 의미 있는 시도가 되기를 바랐다.

　우리 사회의 가계 부채 위험은 병으로

다루어야 할 만큼 심각하다. 병을 치료할 때 제일 먼저 정확한 진단이 있어야 한다. 사후약방문식 해결에서 벗어나야 한다. 국민이 파산, 신용불량자로 전락하기 전에 경각심을 일깨우고 상담을 통해 해결하려는 노력이 필요하다.

부채도 치료합니다

필자는 IMF 때 빈털터리가 됐다. 추락하는 데 걸린 시간은 정말 잠깐이었다.

'사람이 한순간에 이렇게 되는구나!'

난생 처음 그런 경험을 했다. 자존심도 상했고 닥치는 대로 돈부터 벌어야 했다. 생활비를 마련하려고 택시 자격시험에서 도전했다. 그런데 그마저도 떨어졌다. 60명이 시험에 응시했는데 불합격자가 딱 두 명이었다. 연세 많은 할머니와 필자였다. 심지어 할머니는 글씨를 잘 쓰지 못하셨다. 떨어진 이유가 분명한데 필자는 글씨를 쓸 줄 아는데도 떨어졌다. 일이 풀리지 않을 때는 이렇게까지 안 풀린다.

지금은 담담하게 이야기할 수 있지만 그 시절의 상실감은 말도 못할 정도였다. 한순간에 추락하니 어떻게 해야 할지 몰랐다. 연체 고지서가 날아오고 빚을 갚으라는 독촉 전화가 매일 걸려 왔다. 지금도 기억나는 일이 있다. S사 캐피털에서 차 할부금 갚으라는 독촉 전화가 왔다. 일요일 아침 8시쯤이었다.

"치사하면 돈을 빨리 갚던가요!"

필자에게 모욕을 주며 집요하게 전화하던 담당 직원들이 있었다. 모멸감은 삶의 의지를 꺾어 버리기에 충분했다. 그 시절 필자를 강하게 유혹하는 것은 바로 자살이었다.

'이렇게 힘든데, 한순간에 끝낼 수도 있는데 뭐하러 구차하게 살아 있지?'

한번은 소주 두 병을 마시고 끝장을 보겠다며 차를 몰고 갔다. 정신을 차리고 보니 한적한 시골길 위에 서 있었다. 저기 산 아래까지 가서 연탄이라도 피워서 끝을 볼까. 그런 궁리를 하고 있는데 할머니 한 분이 길에 서서 차를 세우신다.

"젊으면 뭐든 할 수 있는데 뭐가 걱정이고? 우리 때는 더한 어려움도 겪고 살았다우."

차를 얻어 타신 할머니가 술 냄새 진동하는 남자를 보고 뭔가 감을 잡으신 모양이었다. 그게 아니어도 내 몰골이 말해 주고 있었을 것이다. 내 인생은 끝났고 아무 희망도 없다는 것을. 할머니께서 혀를 차면서 꾸짖는 말씀을 들으니 너무나 부끄러웠다. 뭐라고 할 말이 없어서 벙어리처럼 대답도 못했다. 할머니를 내려 드리고 차에서 한숨 잤다. 그리고 집으로 돌아 왔다. 그날부터 죽고 싶다는 생각이 들지 않았다. 대신에 매일 저녁 하늘을 보고 기도했다.

"제가 힘을 내어 살 수 있도록 용기를 주십시오. 너무 힘듭니다. 제발 살아갈 용기를 주세요. 용기를 주시면 사람들 살리는 일에 제 인생을 바치겠습니다. 앞으로는 정말 잘 살겠습니다. 저처럼 돈 문제로 고통당하는 사람들을 도와주고 살리겠습니다. 그러니 저에게 다시 일어설 용기를 좀 주세요."

횡설수설, 앞뒤도 없는 이런 기도를 하루도 빠지지 않고 매일 했다. 기도 중에 서서히 마음이 바뀌었다. 더 이상 희망 같은 것은 없는 줄 알았는데 그렇지 않았다.

포도재무설계의 주 고객은 중산층이다. 이들과는 유료로 상담을 진행한다. 유료로 상담을 해온 것은 수익을 내기 위해서이기도 하지만 고객의 가정 경제에 진정으로 도움이 되는 해법이기도 하다. 상담사가 상담료를 받지 않으면 상품 파는 것에만 초점을 맞추게 된다.

그리고 창업 이후부터 부채 문제로 힘들어 하는 이들의 상담을 꾸준히 해오고 있다. 그래서 부채와 관련된 상담을 잘한다고 소문이 났다. 전국에서 상담받고 싶다는 문의가 쇄도한다. 부채 상담만 10년 넘게 했더니 상담사들이 부채 문제에는 도가 텄다. 개인 부채 문제와 관련해서는 최고 전문가들이 되었다. 어떤 문제를 접해도 무엇이 원인이고 어떻게 풀어야 하는지 너무도 잘 안다. 필자의 뜻을 이해하고 잘 따라준 상담사들에게 항상 고마운 마음이다.

그러던 2008년 어느 날, 보건복지부에서 사업에 응모해 보라는 연락이 왔다. 보건복지부가 추진하려는 사업의 내용은 이러했다.

'사회적 약자를 위해 꼭 필요한 사업인데 수익성 사업이 아니다. 이런 사업을 발굴하고 선별해서 정부가 지원하고 돕겠다. 그러니 콘텐츠가 있는 단체나 기업들이 제안할 것이 있으면 해보라.'

이것을 '사회서비스 선도사업'이라고 한다. 이와 비슷한 것이 노동부에서 주도하는 '사회적 기업'이다.

보건복지부에서는 총 8개의 사업자를 선정했다. 포도재무설계는 부채 클리닉 사업자로 선정되었다. 이 사업의 개요는 다음과 같다. 사업 수행 예산 100% 중에 정부가 70%를 지원한다. 사업 실행자는 30%를 내놓는다. 이 예산을 바탕으로 사업을 수행한다. 사업 기간은 총 2년이며 2년 안에 사업화할 수 있어야 한다.

이 일을 하면서 사명감에 온몸을 던져 일하는 공무원들을 많이 만났다. 흔히 공무원이라고 하면 철밥 그릇이니 뭐니 해서 편견들을 갖기 쉽다. 그런데 그들은 주말에도 평일에도 밤 10시까지 일했다. 기업인들보다 더 열심히 일에 매달렸다. 2년 동안 지켜본 보건복지부 공무원들의 모습은 감동 그 자체였다.

'아, 이래서 국가가 운영되는구나!'

그들의 책임감과 사명감이 국민을 지킨다고 필자는 믿게 되었다.

그들과 힘을 합쳐서 2년간 약 3,000여 가정을 부채의 고통에서 살려냈다. 수도 없이 다양한 사람을 알게 되었다. 철거민 상담부터 시작해서 농약병 들고 전화한 농민, 유서 써놓고 전화 한 학교 선생님, 한강 다리에 오르기 전 전화한 사업가, 폐인 되어 찾아온 세무사 등등. 그들 모두가 절망에 몸부림치던 과거의 나를 떠올리게 했다.

함께 눈물 흘리면서 희망을 만들었다. 저마다 다 구구절절한 사연이 있고 안타까움이 넘쳤다. 보건복지부 담당 공무원들의 헌신적인 노력과 언론사의 도움, 하나희망재단의 협력, 그리고 은퇴한 시니어 분들의 도움으로 사업을 순조롭게 마칠 수 있었다. 상담 인력이 부족하여 은퇴한 시니어들을 모시고 함께 일했는데 이분들은 정말 훌륭하고 놀랍고 보석 같은 존재였다. 이 사업을 통해 얻은 가장 값진 수익이 바로 시니어들의 잠재력을 본 것이다. 이분들이 우리 사회의 희망이 될 수 있다는 가능성을 직접 확인했다.

지금도 필자는 가끔 그날을 생각한다. 죽으면 모든 것이 해결될 것 같았던 그 절망적인 날들을. 그리고 매일 간절한 마음으로 기도했다. 이제는 그때 추락했던 것을 다행으로 여긴다. 그 일을 계기로 사명감을 갖고 할 수 있는 일, 공동체에 도움이 되는 일을 찾았다. 앞으로도 포도재무설계는 돈 때문에 절망하는 수많은 사람과 함께할 것이다.

쓰러진 가정 경제 살리는 토탈 솔루션

서울에 거주하던 E 씨는 2006년 결혼하면서 8,000만 원을 대출받았다. 1억 5,000만 원짜리 21평형 아파트를 장만했다. 이듬해 딸이 태어났다. 그의 연 소득이 2,000만 원, 아내의 소득 1,500만 원의 맞벌이 부부 소득으로 세 가족이 생활하는데 모자람은 없었다.

불행은 딸아이를 돌봐주던 어머니께서 뇌졸중으로 쓰러지면서 시작되었다. 아이를 돌볼 사람이 없으니 아내는 직장을 그만 둘 수밖에 없었다. 보험이 없던 어머니의 치료비도 일정 부분 부담해야 했다. 아파트 대출이자를 상환하지 못하게 되자 집을 처분하고 월세를 구했다.

"집도 있고 세 식구 잘살고 있었는데 하루아침에 월세 살게 되고, 눈앞에 벌어지는 일인데도 믿기지 않았어요."

갑작스러운 생활고에 시달리던 그는 캐피탈 대출과 카드 돌려막기로 겨우 버텼다. 그러다가 결국은 연 이율 49%의 대부업체에 돈을 빌렸다. 신용불량자가 되기 직전에 E 씨는 우연히 신용회복기금의 전환대출이 가능하다는 것을 알게 되었다. 연 49%의 고금리 대출을 연 12%의 저금리 금융권 대출로 전환했다. 또 맞춤형 금융지원 서비스를 통해서 국토해양부에서 지원하고 있는 근로자·서민 전세자금 대출을 신청했다. 연 4.5%의 조건으로 3,000만 원을 대출받아서 전셋집을 구했다. 덕분에 매달 40만 원씩 내던 월세를 절약할 수 있었다.

F 씨는 일용직 청소용역으로 빌딩 청소를 하면서 홀로 두 아이를 키우는 40대 어머니다. 아무리 아껴도 아이 둘에게 들어가는 돈이 만만치 않았다. 혼자 수입으로는 버티기 힘들었다. 생활비가 부족해서 신용카드를 썼다. 그리고 수백만 원의 빚을 지게 되었고 그녀는 신용불량자가 됐다. 일용직으로 버는 수입은 한 달에 80만 원가량이었다. 그것도 일이 안정적이지 않아서 들쭉날쭉이다.

이런 F 씨를 도와준 것도 신용회복기금이다. 우선 신용카드 빚의 연체 이자는 전액 감면 받았다. 원금은 상환을 유예받을 수 있었다. 국토해양부의 저소득 세대 전세자금 대금, 주택금융공사의 자녀 대학 학비 무상 지원을 이용했다. 시내의 대형마트 유아용품 전문매장에서 고정 급여가 보장되는 직원을 뽑는다는 정보도 이곳에서 알려주었다.

경기도에 사는 G 씨는 5년 전 조그만 가구공장을 운영하는 남편의 사업 실패로 빚을 졌다. 건강이 좋지 않았지만 어쩔 수 없이 식당 일을 하면서 가계를 꾸려 나갔다. 하지만 두 아들의 교육비와 생활비로는 턱없이 부족했다. 급전이 필요해서 신용카드 현금 서비스를 받거나 대부업체에서 소액 대출을 받는 상황을 반복했다.

천만다행으로 남편이 재취업에 성공했다. 부부 합산 가계수입이 300여만 원으로 늘었다. 문제는 이전에 갚지 못한 500여만 원의 빚이었다. 이 빚이 연체되면서 계속 규모가 늘어났다. 대부업체와 카드사의 연체 독촉을 견디다 못한 G 씨는 우연히 알게 된 '부채상담 클리닉'을 찾았다.

상담 결과 이 가정은 대출이자로만 소득의 절반에 가까운 월 평균 130만 원 이상이 나갔다. 수입에 비해 교육비와 통신비 지출이 많다는 사실도 알게 됐다. 상담원은 우선 고금리 대부업체 대출을 금리가 낮은 은행권 대출로 전환했다. 이자를 월 40만 원으로 낮췄다. 당장 급하지 않은 보험은 해약하도록 하고, 통신비 등 불필요한 지출도 과감히 줄였다. 그러면서 통장에 잔액이 조금씩 쌓이기 시작했다.

G 씨가 도움을 받았던 '부채상담 클리닉' 서비스는 가계부채 해결을 위해 포도재무설계가 실무 총괄하고 보건복지부와 자산관리공사가 주관한 무료 재무 컨설팅 프로그램이다. 재무 건전화 토탈 솔루션을 제공한다는 취지로 시작된 이 서비스는 빚을 탕감해 주거나 돈을 빌려주지는 않지만 부채가 과다해진 원인을 파악, 해결 방

안을 제공하는 게 주목적이다. 경우에 따라 실질적인 금융지원을 알선해 주고 창업과 자활 지원제도와도 연계해 준다. 상담 이후에는 재무 건전성이 어느 정도 이뤄졌는지 모니터링도 해준다.

보건복지가족부는 '재무 건전화 토탈 솔루션 상담센터'를 열고 저소득 금융 소외자에 대해서 종합적인 지원을 추진했다. 한국자산관리공사 본사 건물에 자리 잡은 상담센터에는 전문 재무상담사 네 명이 근무하며 부채상담 및 개선계획을 수립, 워크아웃, 파산, 개인회생 법률구조, 창업자금 지원 및 일자리 연계 등의 기본 솔루션을 제공하고, 사후관리 서비스를 제공했다.

자산관리공사의 전환대출 신청자 중 희망자에 한해 상담을 받을 수 있고, 일정 저소득 요건을 충족하는 사람들을 대상으로 했다. 복지부는 이 사업을 위해서 사회복지공동모금회, 한국자산관리공사, 대한법률구조공단 및 신용회복위원회와 저소득 금융 소외자 종합 지원을 위한 민·관 공동 업무협약을 체결했다.

우리 손으로 희망을 만들다

　1999년 필자가 혈기 왕성하던 시기에 폭력배들이 만든 대부업체 사람들과 경찰서 앞에서 치고받고 싸운 적이 있다. 어떤 여성이 의뢰한 부채 상담이 발단이었다. 이 여성이 빌린 300만 원이 순식간에 1,200만 원으로 불어나고 이를 연체하자, 폭력배들이 채무자를 납치하여 감금한 것이다. 이들이 적용한 이자율은 2,000%가 넘었다. 너무하다 싶어 채무자를 대신하여 협상을 하다가 싸움이 난 것이다.

　그들은 경찰서 앞을 약속 장소로 잡고 대출 계약서를 보여 주고 법대로 하자며 큰소리 쳤다. 그들이 그럴 수 있었던 것은 바로 이자율 제한이 없었기 때문이다. 년 1,000%를 받아도 제한이 없다. 이런 부작용들이 정비되고 이자율이 29%까지 떨어지는데 18년이 걸렸다. 이게 18년 걸릴 일인가? 야만이 지배하는 무지막지한 시기에 한국에 들어와 지금까지 돈을 갈퀴로 긁어 담은 사람들이 바로 일본계 대부업체들이고 이들이 당시 청구한 이자율은 69%였다.

이런 일을 부지기수로 목격한 필자와 동료들이 힘을 합쳐 회사를 설립했다. 바로 상담과 대출을 동시에 병행하는 '희망 만드는 사람들'이란 대부업체다. 대부업체를 직접 설립하게 된 배경은 금융회사가 높은 이자로 괴로워하는 사람들을 구제하는 일에는 관심이 없었기 때문이다. 처음에는 금융기관에 도움을 얻고자 저축은행과 캐피탈 사와 은행 등 수십 곳을 찾아 다녔다. 거의 다 거절했다. 심지어 정신병자 취급하는 곳도 있었다.

청년 시절 함께 노동운동을 했던 선배가 운영하는 금융회사를 찾아가서 겪었던 일은 제일 오랫동안 기억에 남았다. 선배는 답답한 표정으로 필자를 봤다.

"너 아직도 정신 못 차리고 그런 일 하고 다니냐? 시장에서 69%로 정했으면 다 이유가 있는 거야. 네가 하려는 일은 세상 물정 아무것도 모르고 하는 낭만적인 소리다."

이 말을 듣고 나오는데 그렇게 서운할 수가 없었다. 혹시나 설득할 수 있지 않을까 기대했기 때문이다. 포기하지 않고 몇몇 분의 도움을 받아 시중 은행장들을 찾아 다녔다. 가장 관심을 보인 분이 지금의 하나금융지주 회장이신 당시, 하나은행 김정태 행장이다.

"라 대표, 이런 사업은 은행들이 책임감을 가지고 해야 할 일 아니겠습니까? 우리 하나은행이 적극 검토하겠습니다."

그 자리에서 직원들을 호출해서 이 사업을 진행하라고 지시했다. 이런저런 곡절로 인해서 하나은행과 이 상품을 만들지는 못했지만 금융회사의 장으로서 관심을 보인 분은 그분이 처음이었다.

하지만 결과적으로 금융기관과 힘을 합치는 데 실패했다. 감당하기 힘든 이자율로 고통당하는 사람들의 채무를 통합해 주고 지속적인 상담을 받으면 부채의 악순환에 빠지는 일도 충분히 해결할 수 있다. 끝까지 상품을 만들고 싶었던 필자는 마지막으로 비영리 금융기관인 신용협동조합을 찾아 갔다. 사실 이곳은 필자의 마음속에 남아 있던 마지막 희망이었다. 조합의 이사장님은 취지에 찬성했다. 그런데 담당자들이 이해를 하지 못했다.

"제 집을 담보로 잡히겠습니다. 그래도 안 되겠습니까?"

이렇게 확실한 제안까지 했지만 받아들여지지 않았다. 취지를 이해하지 못할 뿐만 아니라 왜 이런 일을 하려는 건지 공감도 못했다. 이해시키는 것에 실패한 책임은 필자에게 있지만 야속했다. 신용협동조합의 설득에서 실패한 일을 계기로 기존 금융회사를 설득시켜서 일을 성사하는 것은 불가능하다는 결론을 내렸다.

그러면서 한편으로는 곰곰이 생각했다. 도대체 왜 설득이 안 될까? 왜 이해를 못하는 걸까? 책에서 읽은 주주자본주의의 한계를 현실로 경험했다.

'안 되겠다. 누가 투자해 주기를 바라고만 있다가는 날 샌다. 내가 직접 할 수밖에 없지.'

아내를 설득해서 집을 담보로 돈을 마련했다. 담보로 만든 돈을 통장에 넣고 부탁할 수 있는 100명의 목록을 만들고 부지런히 찾아다녔다.

"떼먹어도 되는 돈이 있다면 투자해 주십시오. 갚지 못할 수도 있습니다."

아끼고 모아둔 은퇴 자금을 넣어 주신 우리나라 1호 CFP 임계희 님 부부, 거금을 넣어준 아발론 창업자 김명기 회장님, 거액의 성과금을 미련 없이 보태주신 김희철 부행장님, 이평재 회계사님 등등 많은 분들이 선뜻 투자금을 내주었다.

드디어 부채문제로 힘겨운 서민들을 살리겠다는 취지에 공감하신 좋은 분들의 도움으로 '희망 만드는 사람들'이라는 대부업체가 문을 열었다. 그리고 우리가 아는 방식과 신념대로 대출과 상담을 진행했다. 6년간 400여 가정에 40억 원을 대출해 주었다. 우리는 대출 여부를 신용등급으로 평가하지 않았다. 어차피 대부분 8등급 이하의 사람들이었다. 대출이 안 되는 약 1,200명에게는 상담으로 도움을 주었다.

6년이 흐른 지금, 6년간의 누적 연체율은 약 14%다. 연간 연체율로 환산하면 5% 정도로 나타났다. 참고로 신용등급이 8등급쯤 되는 사람의 연평균 대손율은 35% 넘는다고 보면 된다. 이 상담에서도 시니어 선배님들의 활약이 컸다. 열이면 열, 모두가 불가능하다고 말한 일을 '희망 만드는 사람들'이 해냈다. '희망 만드는 사람들'은 초기에 비가 오나 눈이 오나 매일 아침마다 길거리 홍보를 나갔다. 사람들이 많이 오고 가는 번화가의 큰 길에 서서 '희만사' 이름과 소개, 전화번호가 적힌 커다란 피켓을 들었다. 우리는 이것을 '대장정'이라고 불렀다.

'희망 만드는 사람들'은 상담과 대출, 두 개의 수레바퀴에 의해서 움직인다. 상담을 통해서 돈을 빌려주고 이자를 받는다는 점에서 다른 대부업체와 똑같다. 그런데 이게 다가 아니다. 이 자금은 다시 낮은 금리로 전환대출을 받을 수 있는 혜택을 더 많은 사람에게 돌려주는 데 고스란히 투입한다. 빚에 시달리는 사람의 돈으로 또 다른 채무자를 돕는 것이다. 선순환 구조를 만든 것이다. 낮은 이자로 대출을 하므로 이익을 낼 수 없을 거라는 말도 많이 들었다. 상환을 잘하는 우수 고객은 신용 등급이 올라갔고 더 낮은 금리를 적용해 돈을 쓸 수 있는 정책 금융으로 보내주었다. 이게 이른바 '졸업제도'다. 이 프로그램으로 높은 금리의 빚에 시달리던 많은 이들이 돌파구를 찾았다.

서민 금융 정책 담당자들이 단단히 착각하는 것 중 하나가 부채로 심각해진 사람들을 돈으로 구제한다고 믿는 것이다. 우리나라의 부채 문제는 이미 돈으로 해결할 수준을 넘어섰다. '희망 만드는 사람들'에 상담을 신청하는 사람들의 약 93%는 돈으로 해결할 수 없는 상황이다. 이는 국가 전체로 보아도 같을 것이다. 정책 담당자들은 여전히 삽질을 하며 이들의 부채 규모를 점점 더 키운다. 이들에게 필요한 것은 재무상담과 심리 상담이다. 대출은 마지막 수단이다. 자신을 스스로 구제해야겠다는 의욕을 갖게 해야 하고 가장

효과적으로 실천할 수 있는 방법을 전문가들이 알려주어야 한다. 한 마디로 혼자서 갱신할 수 없다. 이들의 마음에 희망을 싹트게 하는 것이 핵심이다. 이를 대출로 해결하겠다는 것은 상황을 너무 모르는 책상머리 행정이다.

'희망 만드는 사람들'은 위와 같은 사명을 배경으로 만들어졌다. 그리고 지금 이 시간에도 계속해서 성장하고 있다. 훌륭한 경험 자산을 보유한 은퇴한 시니어 인력을 중심으로 약 300개의 협동조합 재무상담 지점을 만들 계획을 수립 중이다.

'희망 만드는 사람들'은 사회 문제를 해결하는 사회공헌 기업을 엄격한 기준으로 평가하여 인증하는 해외 기관으로부터 B-CORP 인증을 받았다. 부채 문제를 해결하는 혁신적인 사회공헌 기업으로 국내보다 해외에 더 많이 알려져 있다.

'희망 만드는 사람들'은 이끄는 사람들은 자신들의 삶과 시간을 돈을 더 많이 버는데 두지 않고 사람들을 살리는 데 초점을 두고 살아가고 있다. 검소한 삶을 선택하고 스스로 낮은 자리에 뛰어든 사람들이다. 김희철 대표는 은행 부행장을 그만둔 후 높은 연봉과 권력의 자리를 거절하고 '희망 만드는 사람들'을 맡았다. 상담을 지휘하는 서경준은 고통 받는 서민들을 위하여 스스로 소박한 삶과 검소한 생활을 선택하고 충실하게 상담을 해나가고 있다.

세상을 살릴 자산, 시니어!

2008년 보건복지부와 부채 클리닉 사업을 할 때였다. 언론에 이 사업이 알려지면서 상담을 받고 싶다는 사람들이 많았다. 사실 이 사업은 돈을 버는 것과는 거리가 멀었다. 그런데도 부채 클리닉 상담에 모든 인력을 집중하는 상황이 되어 버렸다. 두 달이 넘어가자 큰 문제가 생기기 시작했다.

"대표님, 잘못하면 회사 문 닫습니다."

수익성이 악화된 것이다. 부채 클리닉만 전문적으로 전담할 상담사가 필요했다. 따로 모여와서 운영하지 않으면 안 될 지경까지 갔다. 이때 인연이 된 분들이 바로 은행을 은퇴한 시니어들이다.

처음에는 쉽지 않았다. 은퇴한 시니어들을 모으려고 백방으로 움직였는데 대부분 은행이 외면했다. 자발적으로 협조하겠다는 사람이 없었다. 은퇴한 분들이 모이는 것 자체가 싫은 모양이었다.

마침 운이 좋아서 기업은행 은퇴자 모임의 간부들과 만날 수 있었다. 이분들을 통해서 급하게 시니어들을 초청했다. 총 70여 분이 마음을 내주었다. 37명의 시니어들이 힘든 교육과정을 꿋꿋하게 이겨내고 통과했다. 모두 은퇴 전에 사회에서 어느 정도 성공한 분들이다. 갑의 위치에서만 살아온 분들이라 남에게 아쉬운 소리 못하고 또 금융권에서 소외된 사람들의 어려운 사정을 이해 못할 수 있다는 우려도 있었다. 혹시나 도움을 받기 위해 찾아온 사람들을 혼내고 가르치는 것은 아닐까 걱정도 되었다.

'부채 상담 업무를 소화하려면 힘드실 텐데.'

걱정이 꼬리에 꼬리를 물고 이어졌다.

사업 초기에는 정말 우려했던 일들이 일어났다. 한번은 인천으로 상담을 나간 시니어 상담사가 잔뜩 화가 난 채로 돌아 왔다.

"무슨 일 있으십니까?"

"부채 상담을 신청하고 약속까지 잡은 사람이 나타나질 않잖아요. 전화도 여러 번 걸었는데 받지도 않고요. 어려운 사람을 돕겠다는 마음으로 멀리까지 갔는데 도움받을 사람이 나타나지도 않고 전화도 안 받으니 화가 나죠."

이런 일은 약과였다.

상담 신청자들이 전화를 건 시니어 상담사들에게 무례한 말을 하는 일도 적지 않았다.

"돈을 줘야 해결이 되지, 상담으로 뭘 어떻게 할 건데요?"

반말을 하고 심지어 욕을 하며 전화 끊는 경우도 다반사였다. 평생 이런 일을 한 번도 겪어 보지 못한 상담자들이라서 모욕감과 상처도 컸다.

시니어 상담사들을 모시고 일주일에 한번 꼴로 막걸리 집에 갔다. 단체로 등산도 자주 가고 위로의 말씀도 드렸다. 밤을 새워 아침 조회에서 하고 싶은 이야기를 글로 적기도 했다.

"부채 상담을 신청한 사람들은 사실 막다른 길에 몰린 것이나 다름없습니다. 이미 상처를 많이 받은 사람들입니다. 당사자들의 문제점도 있지만 금융회사의 끈질기고 추악한 채권 회수 방법이 그들을 그렇게 만들었습니다. 하지만 부채 상담을 신청한 사람들도 누군가의 아들, 딸이고 누군가의 아빠, 엄마입니다. 이분들이 하는 욕까지 가슴으로 끌어안아야 상담이 성공할 수 있습니다. 누군가를 돕는 것도 지혜가 필요하며 현명해져야 합니다. 지혜를 발휘하지 않으면 돕는 일도 할 수 없습니다. 그리고 도움을 주었다는 마음도 버려야 합니다. 도움을 주신 여러 선배님들이 더 행복하고 그 자체로 다 되돌려 받으신 겁니다. 힘드시겠지만 포기하시면 안 됩니다."

고맙게도 시니어 상담사들도 공감하고 박수를 보내주었다.

시간과 노력을 들여서 전화 상담과 접수 안내 같은 프로세스도 개선해 나갔다. 성공한 사례를 발표하고 각 상담 사례를 공유하며 실력을 키웠다. 그러자 상담의 성과가 서서히 나타나기 시작했다. 처음에는 상담 신청자의 20% 정도만 상담으로 연결되었는데 3개월 후 80%까지 상담 성사율이 올라갔다.

　시니어 상담사들의 평균 나이는 62.3세였다. 몇 분을 모시고 서해안에 간 적이 있다. 새벽까지 술잔을 나누며 기타를 치고 놀았다. 가슴이 찡했다. 청년 시절과 똑같은 열정, 똑같은 흥이 있었다. 이때 필자가 확신한 것이 있다. 나이는 숫자에 불과하다는 사실이다. 이분들이 많은 사람을 살리고 우리 사회의 갈등을 해소할 수 있다고 굳게 믿었다. 열정만 놓고 비교하면 젊은 친구들과 비교해도 손색이 없었다. 사업을 마칠 때쯤 어느 시니어 상담자가 이렇게 얘기했다.

　"저 은행만 30년 다녔습니다. 근데 이 일을 한 2년이 가장 보람

도와줘요
시니어!!

이 있고 행복했습니다. 시간이 어떻게 갔는지도 모르게 빨리 흘렀습니다."

시니어들의 활약은 정말이지 대단했다.

시니어 분들이 보유한 사회적인 경험을 잘 활용하면 우리 사회의 발전과 성숙, 부정의 에너지를 줄이는 데 큰 도움을 받을 수 있다. 부채 클리닉 사업을 하며 경험한 시니어들의 열정과 능력에 감탄했고 위대함을 느꼈다. 시니어들은 사회를 위해서 일할 의욕이 넘쳤다. 그런데 이들에게 당신의 노후자금을 써가면서 봉사하라고 하면 쉽지 않다. 활동비 지원이 따라야 한다. 그들은 상담을 하고 받은 작은 돈을 상담 신청자들에게 썼다. 그리고 상담이 필요한 사람들과 만나며 맥주도 한 잔 사고, 음료수나 책도 사주고, 작은 선물도 했다.

시니어들이 사회를 위해서 할 수 있는 일은 정말 많다. 이들을 부채 상담에만 활용해도 많은 변화가 일어날 것이다. 부채 문제로 지치고 희망을 잃은 많은 사람을 살려 낼 수 있다. 희망을 잃은 우리 이웃의 이야기를 누군가는 들어주고 위로해 주어야 한다. 그게 치유의 시작이다. 소비 습관을 고치지 못하는 사람들도 많다. 그들에게 인생 선배가 조언을 해주고 따끔한 충고를 해주어야 한다. 이런 일을 정말 잘 할 수 있는 이들이 바로 시니어다. 우리나라에 능력 있는 시니어가 수십만 명 이상이다. 노인 한 사람은 도서관 하나라고 한다. 사회 곳곳에서 이들의 능력을 적재적소에 활용해야 한다. 필자는 여러 경로로 시니어 인력의 활용을 조언하고 제안했다. 아직 구체적으로 시작된 것은 없지만 그런 날이 오리라고 본다.

　필자는 바른 가치관과 사명감으로 무장한 시니어 만 명이 조직되어 사회 곳곳을 누비고 우리 사회의 갈등을 해소하고 사람들에게 꿈을 주는 모습을 상상한다. 사회 곳곳을 누비며 공동체를 생각하는 정신을 전파하고 다중 채무자를 살리고 희망을 만들어 주는 모습도 떠올려 본다. 그리고 이들과 함께 움직이며 사회적으로 가치 있는 훌륭한 일을 배우는 젊은 청년들의 모습도 그려 본다. 결국은 돈이 아니라 사람이 사람을 살린다. 경험 많은 훌륭한 사람이 경험과 연륜 적은 젊은 사람을 살릴 수 있다. 시간이 걸리겠지만 언젠간 그런 날이 분명히 올 것임을 확신한다.

서민 부채, 대출로 해결할 수 없다

　가계 부채 문제가 점점 심각한 양상으로 흘러간다. 2005년까지 신용 등급 7~9등급에 있는 이들이 대출을 신청해서 상담을 하면 이들 중 15%는 원리금 상환 능력이 있는 것으로 봤다. 신용 등급이 낮은 편이지만 대출이 가능했다. 그런데 2011년부터 대출 상환 계획이 나오는 사람이 약 5% 정도로 줄었다. 이후에는 더 줄어들어 지금은 1% 수준이다. 이중 단 1%만 빚 갚을 능력이 되고 99%는 안 된다는 이야기다.

　2012년 저축은행의 행장을 맡고 있는 분이 필자에게 물었다.

　"지금 저희 은행에서 대출받은 고객들의 연체율이 심각합니다. 앞으로 얼마까지 연체될 것으로 내다보십니까?"

　필자는 망설임 없이 대답했다.

"다중 채무자 거의 대부분이 빚을 갚지 못할 것입니다. 30%를 웃돌다가 대통령 선거와 맞물리면 40%까지 돈을 갚지 못할 겁니다. 재수 없으면 50%까지 갈 수도 있습니다. 더 악화되어 미국 LA처럼 폭동이라도 나면 정부와 금융회사들이 공적 자금으로 다 해결해야 겠죠."

저축은행의 상황을 보니 다중 채무자들이 반란을 일으켰다.

"빚을 갚지 말자! 빚을 더 키우자. 보증금까지도 담보 잡히고 다 찾아 쓰자. 그리고 개인회생을 신청하든 파산하든 하자."

일종의 유행이 만들어졌다. 덩달아서 이를 컨설팅 하는 변호사와 법무사들이 돈을 벌었다. 상황을 몇 년 전으로 되돌려 보자. 모든 금융회사가 돈을 빌려 가라고 광고했다.

"십초 안에 대출", "무이자 대출", "주부도, 학생도 대출 가능!"

경쟁을 해가며 대출에 열을 올렸다. 연 수입 1,500만 원인 사람에게도 5,000만 원까지 빌려주었다. 전세금을 담보로 잡고 돈을 빌려주고 대학생들에게는 '묻지 마 대출' 을 경쟁적으로 해주었다. 대학생은 빚을 갚지 못하면 그들의 부모가 알아서 갚아줄 것이니 따지지 말고 빌려주어도 된다고 했다.

이는 모두 정부의 보증을 받고 경영하는 저축은행들이 한 짓이다. 이런 짓을 버젓이 할 정도면 갈 때까지 간 것이다. 우리 국민들처럼 대출 광고에 노출된 국민도 많지 않을 것이다. 많은 서민이 대출 중독에 빠졌다. 왜 이렇게 된 것일까? 먹고 살기 힘드니 일단 대출을 받는다. 수입에 비해 늘어난 소비와 올라간 물가, 그리고 살인적으로 늘어나는 교육비가 우리로 하여금 계속 빚을 지게 만든다. 그리고 지출을 통제하지 못해서 빚을 얻는다. 빚을 계속 얻을 수 있으니까 계속 빚을 진다.

정부까지 나서서 돈을 풀었다. 이자가 높은 사람들을 대상으로 낮은 이자로 전환해 준다. 돈을 빌려다 쓰라고 대대적으로 광고했다. 이 제도를 이용한 사람들은 돈을 빌리면 신용 등급이 올라갔다. 신용이 올라간 이들은 대부업체의 좋은 먹잇감이다. 다시 대출받아 쓰라고 유혹한다. 500만 원이 필요한 사람들에게 기왕이면 받을 때 많이 받으라고 유혹한다.

"갚을 능력이 되시잖아요. 신용도 좋고요."

다시 최고 금리로 2,000만 원을 추가로 대출받게 한다.

2008년에 금융위기가 찾아 왔다. 대부업체들은 연체율 상승으로 위기를 맞았다. 그러나 정부가 돈을 푼 두 달 뒤부터 이들의 연체율은 1% 미만으로 떨어졌다. 정부가 돈을 푼 시점과 대부업체의 수익이 급증한 시점이 일치한다. 즉 정부가 돈 풀어서 대부업체들 돈을 벌게 해준 것이다. 이런 일이 2008년부터 지금까지 이어지고 있다. 정부는 돈을 풀고 대부업체는 그것을 이용해서 돈을 벌고, 악순환의 고리가 끊어지지 않고 반복된다. 정부투자기관이 선두에서 진두지휘를 하고 있다. 미소금융이 선두에서 섰고 햇살론을 통해서 빚잔치를 하고 있다. 자산관리공사도 비슷한 사업을 한다.

서민 살리기 위한 정책인데 결과적으로 서민들은 부채가 더 늘어났고 반사이익으로 대부업체는 막대한 돈을 벌었다. 빚을 더 많이 진 서민들은 이제 갚을 수 없는 상황으로 치닫고 있다. 우리는 저축은행이나 대부업체 돈을 빌리러 오는 사람들의 99%가 갚을 능력이 없음에 주목할 필요가 있다. 이들의 빚이 과연 이것뿐일까? 정부 공식 통계 자료는 대부업체나 지인들에게 진 빚은 포함하지 않는다. 이처럼 현실은 심각하다.

필자는 빚을 지다가 신용이 바닥까지 떨어진 사람들에 대해서 잘 안다. 처음엔 은행, 다음엔 보험사나 캐피털사에서 빚을 진다. 저축은행과 대부업체에게 마지막 남은 피 한방울까지 완전히 빨린 사람들이 너무나 많다. 이제 손을 들어 버린 서민들이 복수를 한다. 최대한 돈을 당겨쓰고 신용불량이 되는 것이다. 그러면 법원에서 파산자들에게 다시 회생의 기회를 준다. 변호사들과 법무사들이 이를 조장한다. 이들은 파산자 회생 제도를 통해서 돈을 벌고 있다.

몇 번을 생각해도 서민에게 필요한 것은 대출이 아니다. 무이자로 대출을 해줘도 마찬가지다. 원금조차 상환할 능력이 되지 않는다. 다른 각도에서 이 문제를 살펴봐야 한다. 탕감해 주던지 아님 상담과 대출을 통하여 문제를 해결해야 한다. 상담은 단순한 부채 상담이 아니라, 소득과 소비생활, 가정 경제 전반을 멘토링할 수 있는 상담을 뜻한다. 부채를 지고 무너지는 과정에서 너무나 많은 이들이 상처받는다. 결핍을 소비로 채우려다가 소비를 통제할 수 없게 된 사람들도 많다. 궁핍함을 해결하고자 일을 만들다가 대부분 더 힘들어진다. 그런 과정에서 가정은 해체 위기에 있고 아이들은 방치 된다. 이런 사람들은 대개 건강도 심각한 수준이다.

돈 문제로 한번 엉키고 연체가 시작되면 그 길로 바로 지옥이다. 이리저리 돌려막고 도망치고 다시 쫓기기를 일 년만 해도 정상적인 사람으로 살아갈 수가 없다. 이런 일을 겪으면 자연히 부정적인 생각이 자리를 잡게 된다.

'난 안 돼. 못할 거야. 끝났어.'

그러면서도 누군가가 돈을 주면 해결될 거라고 생각한다. 이런 사람들이 이미 250만 명가량 존재하고, 이런 상황으로 내몰릴 위기에 처한 사람들이 350만 명이다.

정부가 돈을 많이 푸는 것으로는 부채 문제를 해결할 수 없다. 돈을 풀어 해결할 시점은 이미 지났다. 금융 카지노 업자들은 부채에 내몰린 일부 사람들을 사악한 수준까지 만들어 놓았다. 돈을 그만 풀어라! 그런 방법으로는 성과를 거둘 수 없다.

끝으로 부채 문제에 직면한 사람들도 알아야 할 것이 있다. 결국 빚이 쌓이고 쌓여 개인회생이나 파산으로 가면 엄청난 고통이 기다린다. 공적 자금이 들어간 것은 결국 미래의 우리 아이들이 먹을 밥을 빼앗은 행동이다. 돈과 소비를 바라보는 시각을 바꾸지 않으면 행복한 삶은 죽기 전까지 불가능하다는 것을 명심해야 한다.

지금 대한민국이 힘든 것은 사회구조적인 문제로 인해서 힘든 것도 있다. 그런데 개인들이 가진 문제점들로 인한 원인도 못지않게 크다. 없으면 안 쓰고 나의 씀씀이와 남의 씀씀이를 비교하지 않아야 한다. 단순하다. 적게 벌면 적게 써야 한다. 이 철칙을 지키지 못하고 무리하면 생활이 힘들어지고 결국은 가정이 망가진다. 정부가 도움을 주는데 다시 대부업체에 돈을 빌려서 빚을 지면 어쩌자는 것인가? 지금부터라도 나의 빚, 나의 소비생활을 돌아보고 내가 가진 작은 문제를 고치려는 노력이 필요하다.

　부채가 많아서 회생이나 파산을 신청하는 일은 신용사회의 근간을 뒤흔드는 행동이다. 이 문제를 누가 해결하나? 문제 해결을 위해서 투입되는 돈은 결국 우리 후손의 미래를 위한 돈이다. 그 귀중한 돈을 앞당겨 쓰는 셈이다. 또 부채 문제 해결을 위해서 쓰이는 노력과 에너지가 상당하다. 이 비용을 다른 데 쓸 수 있다면 우리 사회는 지금보다 훨씬 더 발전할 것이다. 따라서 빚을 많이 진 것은 동정받을 일이 아니다. 생활을 관리하는 능력이 부족한 것임을 알고 조심해야 한다.

성숙한 인격이 능력을 이긴다

　우리 회사는 '세상의 성숙에 기여하는 상담사가 되자' 는 모토로 '마음 나누기' 라는 이름의 작은 행사를 수시로 연다. 우리는 이 행사를 초심을 유지하고 돌아보며 흐트러진 마음을 다시 추스르는 계기로 삼는다. 행사의 내용은 이렇다. 10~20명의 상담사들이 모여서 1박 2일을 함께 보낸다. 맑은 마음으로 생각을 나누며 14시에 모여 다음 날 12시에 헤어진다. 행사에는 몇 가지 원칙이 있다.

　1. 적게 먹고 적게 잔다.
　2. 할 일을 즉시 한다.
　3. 아끼고 절약한다.
　4. 흔적을 남기지 않는다.

적게 먹는 이유는 머리를 맑게 해서 깊은 성찰을 하기 위해서다. 적게 먹어야 피가 위장에 쏠리지 않고 맑은 정신이 유지되고 마음도 또렷해진다.

다음으로 공동생활을 하는 동안 각자가 해야 할 일을 정한다. 할 일을 미루지 않고 즉시 한다. 모닝벨이 울리면 즉시 일어난다. 참가자 전원이 한자리에 모인다. 음식은 몇몇 사람이 정성스럽게 준비해 온다. 준비한 음식을 함께 나눈다. 일회용품은 일절 쓰지 않으며 수건은 각자 가지고 온 한 장만 사용한다. 환경을 위해서다. 먹은 자리나 사람들이 모여 있던 곳은 깨끗하게 치운다. 변기 덮개를 올리고 소변을 보고 뒷사람을 생각해서 청결을 유지한다. 뒷사람을 위해서 아무런 흔적도 남기지 않는다.

이런 원칙을 지키면서 1박 2일을 보낸다. 주요 일정은 대화하기다. 참가자가 동그랗게 둘러 앉아 몇 가지 주제로 대화한다. 이 역시 원칙이 있는데 상대방의 이야기를 집중해서 듣는다. 자기 순서가 오면 말하고 말하기 싫으면 하지 않아도 된다. 말을 한 후 다음 사람의 말에 집중한다. 어떤 이야기든 상관없다. 불편한 일도, 좋은 일도 다 내어 놓는다. 시비를 따지지 않고 비난하지도 않고 그냥 상대방의 마음을 살핀다. 각자의 마음을 이해하고자 애쓴다. 많은 참가자가 재무상담사로서 고민하는 바를 털어 놓는다. 그리고는 중간 중간에 계속 명상을 한다. 다시 또 대화를 이어 간다.

이런 과정을 통해 지금 내가 어디로 가고 있는지 파악한다. 삶의 좌표를 잘 잡고 살고 있는지 짚어 본다. 내가 무엇을 고쳐야 하고 직업인으로서 어떤 사명을 가져야 하는지 확인하기도 한다. 명상으로 그 순간에 집중한다.

명상을 하면 다리가 저리고 졸음이 몰려온다. 명상하는 동안 머릿속 나는 과거와 미래, 그리고 지구와 우주를 날아다닌다. 생각이 금방 흐트러진다. 잡념이 잠시도 나를 내버려 두지 않는다. 지금 여기에 앉아 있음을 또렷이 인식하고 여기에 나를 붙잡아 두는 것이 쉽지 않다. 지금 나를 또렷이 인식하는 것 또한 쉽지 않다. 명상하는 동안 머릿속에서는 전쟁이 일어난다.

이렇게 산만하고 정신없는 인간이 나임을 알아차리는 순간, 우리는 정신이 맑게 깨어 있는 것이 얼마나 중요한 것인지를 실감한다. 상담사는 맑은 정신으로 사람들을 만나야 한다. 그러므로 보통 사람들보다 중심을 잘 잡고 있는 것이 매우 중요하다. 맑은 마음으로 고객의 이야기를 잘 들어야 한다. 후배들에게 필자는 말한다.

"유능한 상담사가 되지 말고 훌륭한 상담사가 되자."

유능한 상담사가 되려면 전문성 있는 지식과 말하는 재주가 중요하다. 반면에 훌륭한 상담사는 유능함을 뛰어 넘는 인격이 필요하다. 전문성과 동시에 훌륭한 인성을 갖추어야 고객의 가정 경제를 잘 이끌어 줄 수 있기 때문이다. 상담사들이 맑은 마음을 유지하고 바른 마음으로 중심을 잘 잡고 서 있어야 주변을 밝힐 수 있다. 마음 나누기는 함께 일하는 사람들 간의 관계를 더욱 풍성하게, 바른 가치를 더욱 깊게 만들어 주며 맑은 정신을 점검하게 해주는 좋은 행사다.

시절이 수상하다. 주택, 교육, 취업 등 사회 곳곳에 빨간 불이 켜지고 있다. 성장이 멈춘 지금, 그간 경험하지 못한 일을 연이어 겪을 수도 있을 것 같다. 과거와 같은 성장은 오지 않을 가능성이 높다. 힘든 시기이지만 중심을 잘 잡고 속도를 느리게 하고 뒤를 돌아볼 적기이기도 하다.

가정 경제 주체들의 안정을 위해서 금융권의 탐욕을 제한할 필요가 있다. 앞으로는 과도한 대출에 대한 책임을 철저히 금융권에서 묻고 동시에 대출 적합성 판단의 책임도 금융권에 물어야 한다. 거품을 빼기 위해 은행의 신용대출한도를 줄이고 느슨해진 LTV, DTI(담보인정비율, 부채상환비율)를 대폭 강화할 필요가 있다. 국민들의 '지속 성장 가능한 가정 경제'를 방해하는 가장 큰 요인인 부동산과 교육비에 대해 신뢰할 수 있고 납득할 만한 장기 정책이 나와야 한다. '지속가능한 국가 경제'를 위해 청년들에 대한 투자를 서둘러야 하고 이를 위해 기성세대는 손해 볼 마음을 내어야 한다.

합리적인 보수층은 깽판과 저질의 대명사인 극우 보수 꼴통 세력을 포기해야 한다. 진보세력 역시 극단적인 세력을 포기하는 용기를 가져야 할 것이다. 이를 바탕으로 보수와 진보가 손을 잡고 북한을 적극 끌어안고 통일로 나아가야 한다. 우리 미래 세대의 희망이 통일이기에 미룰 일도 망설일 일도 아니다.

개인들은 '지속가능한 가정 경제'를 만들기 위하여 부채를 줄이고 과욕을 부리지 않는 지혜가 필요하다. 많이 소비하고, 많이 일하고 과도하게 경쟁해 원하는 것을 얻을 수 없다는 것을 이미 충분히 경험했다. 경제적 안정감을 위해 현재를 진단하고 문제점을 해결하고 장기적 목표를 세우고 일상생활을 즐겁게 하는 것이 개인이 선택할 수 있는 가장 합리적인 방법이라고 생각한다.

단기적으로 목표를 이루려는 마음을 내려놓고 장기적 계획을 수립하고 한 걸음씩 꾸준히 나가는 마음을 갖자. 금융 환경이 복잡해졌기에 재무상담사들의 도움을 받는 것도 '지속가능한 가정 경제'를 만드는 좋은 방법이다. 특히 불황기에 나타나는 갖가지 투자 유혹을 각별히 경계하는 게 좋다.

마지막으로 꼭 당부하고 싶은 말이 있다. '지속가능한 사회'가 되어야 '지속가능한 가정 경제'를 만드는 것도 가능하다. 내 가족, 내 자식만 생각하는 작은 마음을 내려놓고 사회를 생각하며 조금 손해 볼 수 있어야 한다. 미래를 위해서 손해 볼 수 있는 마음을 내어 줄 때 성숙한 사회, 지속가능한 사회를 이룰 수 있다. 불과 얼마 전까지만 해도 우리 마음속에 그런 성숙한 인격이 존재했다. 다시 한 번 그 인격을 일깨우고 발휘할 때다.

note

카지노 시대, 똑똑한 금융 소비자 되기 총정리

◆ 저금리, 저성장, 저출산의 시대에 맞게 설계하라.

– 과도한 금융상품을 과감하게 줄여라.

– 저금리, 저성장 시대는 손해만 보지 않아도 훌륭하다. 비록 저금리 시대일지
라도 저축으로 현금을 보유하는 것이 어설픈 투자보다 낫다.

– 저축은 습관이다. 금리 낮을 때 못한 저축을 금리가 오른다고 하겠는가?

– 부채 상환에 총력을 기울여라.

– 대도시 외곽 대형 평수의 주택을 매각하고 소형으로 전환하라.

◆ 진단하라. 개선하라. 꾸준히 실행하라.

– 진단을 통해서 현금 흐름을 건강하게 만들어야 한다.

– 진단만 잘 받아도 카지노 업자들이 쓸어가는, 새는 돈을 막을 수 있다.

– 진단 후 개선안을 수립하자. 이것만으로도 가정 경제의 희망을 만들 수
있다.

– 개선안을 충분히 파악한 후 꾸준히 밀고 나가자.

◆ 응급/ 주의/ 보통/ 여유에 맞는 금융상품을 골라라.

1. 응급 상황(경제 활동 인구의 약 30%)

– 신용카드 돌려 막기, 현금을 전혀 만질 수 없는 경우, 수입 급감 혹은 단절의

경우

– 신용회복, 워크아웃, 파산이나 직전 상황

– 투자상품: 가입이나 유지가 모두 불필요하다.

– 보험: 가장의 실손 혹은 정기보험 정도만 가입하거나 유지한다.

– 단기 예금 위주로 집중

2. 주의 상황(경제 활동 인구의 약 40%)

– 수입을 지출하고 나면 현금 흐름이 딱 맞아 떨어지는 상황

– 저축을 할 수 없고 있는 대출 갚기 버거운 경우

– 투자상품 : 가입이나 유지가 모두 불필요하다.

– 노후 자금 : 예적금을 통한 단기 자금 마련에 집중. 장기상품인 보험 상품

가입을 삼간다.

– 보험 : 실손 혹은 정기 종신 한 가지로 간소화한다.

3. 보통 상황(경제 활동 인구의 약 20%)

– 수입과 지출 후 약간의 저축 가능한 상황

– 교육비와 주택 관련 플랜이 아직 끝나지 않았다면 투자상품은 가입하지

  않는 것이 좋다.

– 저축을 통한 여유 자금을 충분히 보유하는 것이 필요하다.

– 보험 : 실손+후유장해, 정기 종신+ 후유장해를 병합하여 최소한으로 세

  팅한다.

– 노후자금 : '연금 저축 펀드' 가입이 필요하다.

4. 여유 상황(경제 활동 인구의 상위 10%)

– 수입 지출 후 일정 금액 저축이 가능하다.

– 지출을 줄이면 더 많은 저축이 가능하다.

– 교육비와 주택 가격에 별 영향을 받지 않는다.

– 보험 : 보장은 실손+정기로 병합하여 설계. 추가 납입을 활용한 노후자

  금 마련 상품 가입 필요하다.

– 투자 : 먼저 '연금 저축 펀드' 가입 후 다른 투자상품 가입을 검토하라.

◆ 일 년에 한 번 점검, 상황에 맞게 수정하라.

– 금융환경이 복잡해져서 혼자 힘으로는 자산을 관리하기 쉽지 않다면 유료로 상담을 해주는 전문가를 찾아 도움을 받는 것이 효과적이다. 상담료를 청구하는 재무상담사는 재무 관련 전문성이 높으며 객관적 조언을 하는 사람일 가능성이 높다. 단, 바른 재무상담사를 만나야 한다.

– 유료 재무상담을 믿고 맡길 수 있는 곳을 소개한다. 한국재무설계, 에듀머니, 포도재무설계가 있다.

◆ 당신의 자산을 노리는 사기꾼들

여러 모로 희망을 이야기하기 힘든 시대로 들어섰다. 인구 보너스 시대도 끝났다. 오히려 소비의 주력 층인 생산 가능 인구가 줄어 소비가 줄어드는 인구 오너스 시대가 시작되었다. 한국 경제를 견인했던 경쟁력인 추격자 전략도 힘을 잃었다. 게임의 콘텐츠가 거의 남아 있지 않은 엔드게임 상황이라는 지적도 있다.

이런 와중에 투자를 잘 하면 거액의 돈을 벌 수 있다고 주장하는 사람들이 있다. 여기에 발 담근 많은 사람이 돌이킬 수 없는 고통에 빠지는 일은 비일비재하다. 지난 20년간 반복되며 여러 가정을 무너뜨린 사기꾼들의 행동패턴을 유형별로 정리했다.

- FX마진 거래를 들먹이면서 얼마를 투자하면 월 몇 %의 배당을 고정적으로 해준다며 유혹하는 사람들의 말을 믿지 말라.
- 주식카페를 조심하라. 이들은 주식투자 성공 사례를 과대 포장하여 수많은 사람들을 끌어모으고 이를 따라한 사람들의 건전한 삶을 엉망으로 망가트린다.
- 선물, 옵션을 공부하여 돈을 벌 수 있다는 사람들의 말을 믿지 말라. 아예 시작하지도 말라.
- 비상장 주식을 발굴하여 고수익을 배당할 수 있으니 투자하라는 사람들의 말을 믿지 말라.
- 소액으로 돈을 모아 부동산에 투자하면 고수익을 올릴 수 있다는 말을 믿지 말라.
- 아는 사람에게 얻은 특정 기업의 정보를 듣고 주식을 사면 돈을 벌 수 있다는 사람들의 말을 믿지 말라.
- 연이어 세미나를 개최하며 특정 상가 투자, 특정 부동산 투자를 외치는 사람들의 말을 믿지 말라.

조금이라도 이와 같은 패턴을 보이는 투자 전문가가 있다면 의심하길 바란다. 섣불리 투자에 가담하지 말고 '한국 투자자보호재단'의 금융사기 진단 프로그램을 이용해 미심쩍은 부분을 확인하라. 만약에 사기일 가능성이 높다면 당장 멈추고 발을 담그지 말라!

금융환경이 과거에 경험하지 못한 새로운 흐름으로 돌아가고 있다. 큰 변화가 곳곳에서 감지되는 요즘 같은 상황에서는 과거와 같은 높은 성장의 달콤함을 기대하면 곤란한 일이 생길 수 있다. 상황을 담담하게 관찰하며 변화의 흐름을 지켜보는 인내심이 필요하다. 금융환경이 복잡해졌고 미래의 흐름 역시 불투명하다. 잘 모르면 덤비지 말고 믿을 만한 재무상담사의 도움을 통해 천천히 나아가는 것도 좋은 방법이다.

바른 것이 강물처럼 흐르게 하자

　미래를 걱정하는 목소리가 커지고 있다. 인구절벽, 고용절벽, 부동산절벽 등 각종 절벽론이 난무한다. 청년들은 이러한 세태에 더욱 민감하고 고민이 깊을 수밖에 없다. 청년뿐 아니다. 만나는 사람마다 희망이 없다고 이야기한다. 의욕을 잃어버린 청년, 사교육비에 허리가 휜 부모, 갈수록 가난해지는 노년…. 이를 해결하는 방법으로 정신 차리고 허리띠 졸라매고 더 열심히 일하여 이 상황을 극복하자고 하는 이도 있다.

　세계에서 1인당 수출을 가장 많이 하는 나라가 독일이다. 그다음이 한국이라고 한다. 사람들을 더 몰아쳐서 더 경쟁하게 하고 지금보다 더 부지런히 일하라고 내몬다고 해서 상황이 나아질까?

　이미 우리 사회의 빈부 격차는 손을 쓰지 않으면 안 될 정도로 심각하다. 그 후유증이 도처에서 나타나고 있다. 그런데 이 문제를 해결하지 않고 더 열심히 일하라고 다그친다면 피로도만 심해질 것이다.

근간에 회자되는 베스트셀러인 《미움받을 용기》를 보면 이런 구절이 나온다. 우물물의 온도는 항상 18도다. 그렇지만 여름에는 시원하게 느끼고, 겨울에는 따뜻하게 느껴진다고. 우리가 생각하는 세상도 이렇지 않을까. 이 시대를 절망의 시대라고 생각할 수도, 희망의 시대라고 생각할 수도 있을 것이다. 저성장 시대가 우리를 힘들게 하지만 잘못된 것들을 바로잡는 의미 있는 시간이 될 수도 있다.

얼마 전까지 우리는 역사 이래 가장 많이 소비하였고 국가 위상은 높아졌고 물질적 풍요를 얻었다. 이것을 얻기 위해 가정과 몸이 황폐해질 정도로 경쟁해 왔다. 더 넓은 집으로 이사를 가고 아이를 더 잘 가르치기 위해 투기에, 투자에, 재테크에 뛰어 들었다. 그 결과 집값과 교육비로 우리 삶은 엉망이 되었다. 소비에 중독되어 존재의 이유를 망각하게 되었다. 우리는 지켜야할 중요할 것을 팽개치고 서로 경쟁하였으며 누군가의 희생과 피해를 전제로 성공했다. 이제 되돌아보고 흐트러지고 잘못된 것들을 바로잡고 나눔, 헌신, 배려, 공동체 등 중요한 가치들로 우리 사회를 다시 보듬어야 할 때다. 흐트러진 것을 바로 잡지 않으면 성숙과 성장은 요원한 일이 된다.

지금이 바로 잡을 기회다. 인간 중심의 가치관과 경제 질서로 전환할 때다. 청년들을 위해 양보하는 기성세대, 미래를 위하여 나의 작은 손해를 감수하는 기성세대, 수익이 아니라 사회에 꼭 필요한 금융, 그리고 이런 마음을 이끌어 낼 모범을 보일 지도층, 땅 투기 하지 않은 지도층, 위장 전입하지 않은 지도층, 역사 앞에 당당한 지도층, 경쟁보다 배려와 나눔을 실천하는 지도층, 그리고 동반 성장하며 공생하는 기업인이 되어야 한다.

우리가 놓친 의미 있는 것을 찾고 미래 세대에게 희망을 주기 위해 내가 양보할 일이 무엇인지 찾아보자.

어차피 지금의 위기는 장기화될 것이다. 헤쳐나가기 쉽지 않을 것이다. 어차피 겪을 일이라면 힘들다고 한탄만 하지 말자. 공동체를 위협하거나 무너트린 잘못된 것과 성숙한 세상을 위해 되찾아야 할 것들이 무엇인지 구분하고, 희망의 미래를 위해 바른 삶을 살아야 할 것이다. 바른 것, 바른 생각, 바른 가치들이 강물처럼 흐르기를 소망해 본다.

참고한 책

《보도 섀퍼의 돈》, 보도 섀퍼, 북플러스

《돈이냐 인생이냐!》, 조 도밍후에즈, 사람in

《100% 돈이 세상을 살린다》, 빌 토튼, 녹색평론사

《박종훈의 대담한 경제》, 박종훈, 21세기북스

《멍청한 소비자들》, 범상규, 매일경제신문사

《대한민국 어디로 가야 하는가》, 이광재, 휴머니스트